EXPOSITION

DE LA DOCTRINE PHILOSOPHIQUE

DE LEIBNITZ,

COMPOSÉE POUR LA BIOGRAPHIE UNIVERSELLE;

Par le Chevalier MAINE DE BIRAN ,

CONSEILLER D'ÉTAT, MEMBRE DE LA CHAMBRE DES DÉPUTÉS.

A PARIS,

CHEZ L. G. MICHAUD, LIBRAIRE-ÉDITEUR,

RUE DE CLÉRY, N°. 13.

DE L'IMPRIMERIE D'ANTH^e. BOUCHER,

SUCCESSEUR DE L. G. MICHAUD,

RUE DES BONS-ENFANTS, N°. 34.

1819.

EXPOSITION
DE LA DOCTRINE PHILOSOPHIQUE
DE LEIBNITZ,

COMPOSÉE POUR LA BIOGRAPHIE UNIVERSELLE.

~~~~~~~~~

La multitude dans l'unité, ou *l'unité variée*, signe expressif de tout chef-d'œuvre de la nature et de l'art, caractérise très bien les produits du génie de Leibnitz. *Variété* extrême dans le nombre et l'espèce des idées dont il a enrichi le monde intellectuel, des vérités qu'il a découvertes ou démontrées, des éléments de tout ordre qu'il a combinés. *Unité* absolue de principe, de méthode, de plan et de but dans ce grand et beau système qui lie et met en accord les deux mondes (spirituel et matériel) en les ramenant à l'unité d'une monarchie constituée sous le gouvernement *du plus grand et du meilleur des souverains* (OEuvres II, 37). Tels sont bien en effet les caractères de cette doctrine si éminemment systématique. Si l'on considère la *forme* sous laquelle les divers produits de ce génie si fécond se présentent comme par morceaux détachés, ou fragments disséminés dans de vastes collections, l'esprit est d'abord frappé de leur prodigieuse variété. C'est aussi sous ce point de vue qu'ils s'offrent ordinairement aux biographes et même souvent aux historiens de la philosophie. Mais de cette manière on peut manquer absolument l'effet total et harmonique de cette grande et belle scénographie, ou n'en saisir que des côtés partiels, des traits sans suite ou sans liaison. Les œuvres philosophiques de Leibnitz forment un corps de *doctrine* dont les parties, quels qu'en soient le nombre et la diversité, n'en sont pas moins liées entre elles et aux mêmes principes, n'en participent pas moins au même esprit de vie. Cet esprit, répandu dans chacune de ses nombreuses productions, anime en effet également les œuvres du *jurisconsulte*, de *l'historien*, du *théologien*, du *physicien*, du *mathématicien* surtout, où il brille d'un éclat particulier. Mais ce n'est aucune de ces œuvres partielles qui peut nous en manifester le principe, la source, ou le propre foyer. La philosophie première, la science des principes, comme l'appelle Leibnitz lui-même, cette philosophie vraiment première dans l'ordre de ses méditations, fut le commencement, la fin et le but de toute sa vie intellectuelle. Loin que la *Science de l'entendement humain ait été*, comme l'a dit un historien recommandable (1), *une des dernières*

_____

(1) Voyez l'*Histoire comparée des systèmes de philosophie*, par M. Dégérando, tom. II, pag. 89.

1.

que Leibnitz vint à explorer ou à approfondir ; on pourrait démontrer à priori que dans le point de vue où se plaça d'abord ce grand métaphysicien, la science de l'entendement, identique pour lui à celle des principes, ne pouvait en avoir avant elle aucune autre dont elle dépendît dans l'ordre du temps comme dans l'ordre de dérivation. Mais nous avons une preuve plus directe à opposer à l'assertion de l'historien ; et c'est Leibnitz lui-même qui nous la fournit dans un morceau précieux qui renfermant, comme en état de germe, tout son système métaphysique, doit jeter le plus grand jour, tant sur la vraie biographie intellectuelle de ce philosophe, que sur les principes, le caractère et l'unité systématique de sa doctrine. Dans l'écrit intitulé : *Historia et commendatio linguæ characteristicæ universalis* (*OEuvres posthumes*, par Raspe, page 535), Leibnitz nous apprend qu'à peine âgé de seize ans, il fut conduit par ses méditations jusqu'à la sublime idée d'un alphabet des pensées humaines, qui devait comprendre les éléments ou les caractères les plus simples de toutes nos idées, et servir à en exprimer les diverses combinaisons ; de manière qu'en allant du simple au composé, ou revenant du composé au simple, il fût facile et possible de trouver comme de démontrer toute sorte de vérités. L'auteur nous peint la joie enfantine (comme il l'appelle) que lui fit éprouver cette belle spéculation dont il convient qu'il était loin alors de saisir toutes les difficultés pratiques : néanmoins ses progrès ultérieurs dans les sciences dérivées, ne firent que lui confirmer la possibilité d'une si haute entreprise philosophique ; et sans les événements et les travaux divers qui remplirent sa vie, nous aurions peut-être, sinon une langue universelle, du moins un admirable instrument ou un *levier-logique* de plus. Ce premier pas dans la carrière intellectuelle décida, ou plutôt déclara la vocation du métaphysicien. Déjà il a commencé comme Aristote, et deviné ou refait sa logique ; bientôt, s'élevant plus haut, il va rencontrer Platon et marcher avec lui. Les premières méditations sur la langue universelle amenèrent, quatre ans après (en 1666), la *Dissertation sur l'art combinatoire*, qui n'était qu'une application particulière (la plus simple et la plus facile, il est vrai) du principe fondamental de la *caractéristique* aux idées de quantité ou de *nombre*, d'étendue ou de *situation*, et aussi à diverses classifications ou combinaisons d'idées de cet ordre. Une invention aussi nouvelle dans le monde savant, était pour l'auteur un résultat si naturel de la marche et des procédés de tout esprit méthodique capable de remonter aux principes et de suivre les conséquences jusqu'au bout, qu'il témoigne son étonnement de ce qu'elle a pu échapper à des esprits de la trempe d'Aristote et de Descartes, dans leur marche spéculative la plus avancée, tandis qu'elle s'était offerte à lui dès l'entrée de la carrière, avant même qu'il ne fût initié dans les connaissances mathématiques, physiques ou morales : par la seule raison, dit-il, que je *cherchais toujours et en tout les premiers principes* ; disposition naturelle qui caractérise bien en effet le métaphysicien, né pour créer la *philosophie première* quand il n'en aurait existé aucune trace avant lui. Si les deux métaphysiciens auxquels il rend hommage en cet endroit, lui ont laissé tout l'honneur de l'invention d'une caractéristique universelle, il en trouve la raison dans la répugnance naturelle qu'ont les esprits les plus éminents à s'arrêter sur ces premiers principes, qui n'offrent par eux-mêmes aucun attrait, aucune perspective propre à animer ou à soutenir les efforts de l'intelligence ; aussi, dit-il, après avoir pris un léger goût des principes, s'empressent-ils de les rejeter en les laissant loin derrière eux pour n'y plus revenir (1). Peut-être trouverons-nous, dans ces paroles mêmes, les causes secrètes des propres aberrations de l'illustre auteur du système des monades et de l'harmonie préétablie. L'histoire de la vie intellectuelle de Leibnitz nous le montre sans cesse entraîné par son activité inépuisable, ou par des circonstances mémorables de sa vie civile, à une foule de travaux, d'entreprises littéraires et scientifiques des genres les plus divers ; mais revenant toujours à la *science des principes*, objet de ses premières méditations : « Quoique je sois, disait-» il, un de ceux qui ont le plus cultivé » les mathématiques, je n'ai pas cessé » de méditer sur la philosophie, de» puis ma jeunesse ; car il m'a tou» jours paru qu'il y avait moyen d'y » établir quelque chose de solide par » des démonstrations claires (*OEu» vres*, tom. 11, pag. 19 et 49); mais » nous avons bien plus grand besoin » de lumières et de certitude dans la » métaphysique que dans les ma» thématiques, parce que celles-ci » portent avec elles ou dans leurs si» gnes mêmes des preuves claires, in» faillibles, de leur certitude : il ne s'a» girait donc que de trouver certains » termes ou formes d'énoncés des pro» positions métaphysiques, qui ser» vissent comme de fil dans ce laby» rinthe, pour résoudre les questions » les plus compliquées, par une mé-

thode pareille à celle d'Euclide, en » conservant toujours cette clarté ou » distinction d'idées que ne compor» tent point les signes vagues et indé» terminés de nos langues vulgaires. » On reconnaît bien là toute l'influence des premières méditations de Leibnitz sur la langue universelle. On peut voir aussi déjà d'où viendra le caractère si dogmatique et si absolu de sa doctrine. Placé de prime-abord dans le point de vue purement ontologique, Leibnitz y ramènera toutes les conceptions et jusqu'aux faits mêmes de la nature externe ou interne. La vérité, la réalité absolue, ne seront pour lui que dans les *abstraits* et nullement dans les *concrets* de ces représentations *sensibles*, *claires*, mais toujours *confuses* ou *indistinctes*. Dans ce point de vue, la science *mathématique* ne pourra différer de la *métaphysique* ou de la science des réalités, que par l'expression ou les formes des propositions ; il ne s'agira partout que de trouver des signes propres à noter d'abord en eux-mêmes, et ensuite dans leurs combinaisons ou complexions, les derniers produits de l'analyse, les *derniers abstraits*, qui sont en même temps, et les dernières raisons de tout ce que nous entendons, et les premiers éléments, les seuls vrais éléments de toutes nos idées. Tels sont les principes de l'*Art combinatoire ;* tel est aussi le fondement de toutes les espérances qui se rattachaient dans la pensée de l'auteur à cet art perfectionné et appliqué au système entier de nos idées. En effet, dès que la *raison métaphysique* de l'existence se trouve identifiée avec la *raison mathématique* ou *logique de démonstration*, le syllogisme acquiert une valeur, une importance première, et jouit d'un entier privilège d'infaillibilité en vertu de la forme seule (*vi formæ*). Le

(1) *OEuv. publ.*, par Raspe, p. 537.

caractère de réalité absolue passera nécessairement du principe le plus abstrait à sa dernière conséquence, pourvu que celle-ci soit légitime ou régulièrement déduite. C'est ainsi que toutes ces lois de logique pure que l'entendement trouve en lui, et qu'il n'a pas faites, viendront s'identifier avec les lois de la nature ou les rapports des êtres mêmes, tels qu'ils sont actuellement, à titre de *possibles* dans l'entendement divin, région des essences, type et source unique de toute réalité. Le possible est donc avant l'actuel, comme l'abstrait avant le concret, la notion universelle avant la représentation singulière. Certainement les métaphysiciens géomètres doivent tous être plus ou moins enclins à mettre la raison humaine en calcul ou à prendre souvent les formes pour le fond des choses. Mais la *foi logique* de Leibnitz remonte plus haut que les signes; elle tire son caractère tout absolu de la nature même des principes, tels qu'il les entend, dans un sens rapproché de celui des idées-modèles ou archétypes de Platon, ainsi que nous le verrons ailleurs. Cette foi de l'auteur du système des monades dans la réalité des *concepts* les plus abstraits, ne peut se comparer qu'à celle de Spinosa, esprit aussi éminemment et encore plus exclusivement logique, pour qui rien ne pouvait contrebalancer ni distraire la toute-puissance des déductions. Aux yeux de Leibnitz, en effet, comme à ceux de Spinosa, l'ordre et la liaison régulière établie entre les notions ou les termes, correspondent parfaitement, ou même sont identiques à l'ordre, à la liaison réelle des choses de la nature, des êtres tels qu'ils sont. C'est sur la même supposition que se fondent et la monadologie et le panthéisme. C'est

la même vertu logique qui motive la confiance de leurs auteurs. A quoi a-t-il donc tenu que Leibnitz ne se soit pas laissé aller à cette pente dangereuse qui, depuis l'origine de la philosophie, entraîne les spéculateurs les plus profonds et les plus hardis vers ce concept vide de *grand tout*, *néant* divinisé, gouffre dévorateur où vient s'absorber toute existence individuelle ? Nous sommes pressés de le dire; l'auteur du système des monades ne fut préservé de cette funeste aberration, que par la nature ou le caractère propre du *principe* sur lequel il basa son système; principe vraiment un et individuel, à titre de fait primitif de l'existence du *moi*, avant d'avoir acquis la valeur d'une notion universelle et absolue. Un système qui multipliait et divisait les forces vivantes à l'égal des éléments intelligibles ou atomes de la nature, devait, ce semble, prévenir ou dissiper pour toujours ces tristes et funestes illusions du spinosisme, trop favorisées par le principe de Descartes: seul peut-être, il était propre à fixer pour notre esprit les deux pôles de toute science humaine, la personne *moi*, d'où tout part, la personne *Dieu*, où tout aboutit; pôles constants que l'esprit de l'homme ne peut perdre de vue sans s'égarer, sans s'anéantir lui-même. Pour apprécier ce point de vue, il est nécessaire d'examiner rapidement quels étaient les principes et la tendance de la philosophie de Descartes, que Leibnitz sentit le besoin de réformer. — Le principe de Descartes, énoncé par l'enthymême, *je pense, donc je suis*, un et identique dans la forme exprime au fond une vraie dualité. Il comprend en effet deux termes ou éléments de nature hétérogène : l'un *psychologique*, le *moi* actuel de conscience; l'autre *ontologique*, le *moi* absolu, l'ame substance ou chose pensante. Mais si, au lieu de l'identité logique supposée entre les deux termes, la réflexion découvre une différence aussi essentielle que celle qui sépare le *sujet* de l'*objet* ou le *moi* d'une *chose*, que devient l'évidence de la *conclusion* ? Quel est le lien qui l'unit au principe ? Descartes tranche la question avant même de l'avoir posée; on ne voit pas en effet que ni lui, ni ses disciples aient bien conçu qu'il y avait là un premier problème dont la solution, soit *positive*, soit *négative*, devait décider du sort de la métaphysique, à titre de science des réalités. Le principe de Descartes laissait ouvertes à la philosophie deux routes opposées; l'une qui, partant de l'expérience et n'admettant rien que de sensible, conduirait à nier toute réalité des *notions*; l'autre qui, partant des notions *innées*, comme de l'absolue réalité, conduirait à rejeter tout témoignage de l'expérience et des sens. Là, c'est le *scepticisme* spéculatif joint au *matérialisme* pratique. Ici c'est l'idéalisme et le spiritualisme *pur*. Le principe ontologique pose d'abord la substance ou la chose pensante, telle qu'elle est en *soi* hors du fait actuel de la conscience; d'où le durable de la pensée, identique ou équivalent au durable de l'ame, qui se confond avec son mode fondamental; d'où encore les *idées innées* qui n'ont pas besoin de tomber sous l'apperception actuelle du *moi* pour être dans l'ame, à titre d'*idées* ou de *modes* aussi réels que l'existence dont ils sont inséparables; d'où enfin la passivité complète et absolue de la substance qui a hors d'elle la cause de toutes ses *manières d'être* comme celle de son être même. Mais quelqu'effort que fasse l'entendement pour concevoir séparément et

hors du *moi* actuel la chose ou substance pensante, cette notion tend singulièrement à s'unir ou à se mêler avec celle d'une autre substance, qui a, de son côté, l'*étendue* pour attribut essentiel ou mode fondamental. D'abord le même terme général de *substance* leur convient; en second lieu elles sont l'une et l'autre passives; car *nulle action n'appartient aux créatures* selon les principes de cette doctrine. Mais puisque la distinction qui est censée avoir lieu entre les substances, n'est autre par le fait que celle de deux attributs ou modes fondamentaux qui caractérisent respectivement chacune d'elles, pourquoi cette distinction *modale* entraînerait-elle nécessairement la séparation absolue des sujets d'attribution; pourquoi y aurait-il deux substances et non pas une seule qui réunirait les attributs distincts de pensée et d'étendue ? Sous ces deux attributs Descartes lui-même comprend universellement tout ce que nous appelons les *êtres* qui sont tous ou *pensants* et *inétendus*, ou *non pensants*, et par cela *matériels et étendus*, pures machines, sans qu'on puisse concevoir de classe intermédiaire. Donc, et poussant la chaîne des déductions jusqu'au bout, on arrivera enfin à démontrer qu'il n'y a, et qu'il ne peut y avoir, qu'une seule substance, l'être universel, seul nécessaire; le grand tout, à qui appartient exclusivement le titre d'être ou de substance, et dont tout ce que nous appelons improprement de ce nom, n'est en effet que modification. Les objets sensibles ne sont donc que pures apparences sans réalité, sans consistance et dans un flux continuel; nous-mêmes n'existons pas à titre d'êtres réels, de personnes individuelles vraiment séparées du reste de la nature. Le sens intime nous trompe à cet égard, et son témoignage même ne peut être invoqué, puisqu'il ne se fonde sur aucune preuve *démonstrative* ou de *raison*, et que le *criterium* de la vérité ne peut être ailleurs que dans la logique. Le sentiment de notre personnalité individuelle ne peut avoir ni plus ni moins de vérité que celui de notre activité, de notre force motrice; or ce sentiment nous trompe, en nous induisant à croire que nous sommes auteurs de nos actions; les causes libres de nos mouvements, tandis que, selon les cartésiens les plus orthodoxes, il ne peut y avoir qu'une seule cause efficiente, qu'une seule force active, celle qui a tout créé, qui crée encore à chaque instant les êtres qu'elle conserve? Mais, comme il est logiquement certain que tous les effets sont éminemment ou formellement renfermés dans leur cause, on peut dire que tous les êtres sont renfermés dans l'être universel, qui est Dieu; c'est en lui seul que nous pouvons voir ou penser tout ce qui existe réellement; c'est en lui que nous sommes, que nous *nous mouvons et sentons*. Ici Malebranche et Spinosa se rencontrent dans la même route; la logique les unit, le mysticisme les sépare. Telles sont les conséquences ontologiques déduites du principe cartésien. — Voyons maintenant les conséquences psycologiques. La *pensée* seule nous révèle l'être de l'ame, qui est la première réalité et aussi la seule substance que nous puissions ainsi atteindre directement comme par *intuition*. Nous n'avons aucune prise directe sur tout ce que nous appelons substance matérielle. Nous ne connaissons rien en effet que par nos *idées*, et ces idées ne sont autre chose que des modifications de notre ame. Les idées simples de sensations, les couleurs, les sons, les saveurs, ne sont certaine-

ment qu'en nous-mêmes, et nullement dans les objets qu'elles nous représentent : tout ce que nous appelons objets, ne consiste donc que dans nos idées; et puisque d'ailleurs il n'y a d'autre *cause* ou *force* que Dieu, qui produit les modifications comme il crée les êtres, le monde sensible n'est qu'apparence, pur phénomène *sans réalité*. Au sein de ce phénoménisme universel, dans toute cette mobilité de fantômes, on demanderait vainement à la raison et encore moins à l'expérience les titres réels de ces notions de substances ou de causes extérieures que nous *croyons*, et qui, malgré nous-mêmes, donnent des lois à notre esprit. La substance même de notre ame, citée au tribunal de la raison, ne pourra prouver son titre; en tant que *chose pensante* elle échappe à la vue de l'esprit, et se volatilise comme tout le reste. A moins qu'une révélation toute *divine*, ou la grâce même nécessaire pour y croire, ne vienne nous assurer qu'il y a des êtres réels, nous ne saisirons jamais que des ombres hors de nous, comme en nous-mêmes. Ainsi point de milieu : ou les objets s'identifient avec les idées ou les sensations qui les représentent, et alors les corps ou l'étendue ne sont que des phénomènes; ou bien les corps, l'étendue, existent réellement hors de nos idées, sans qu'il nous soit permis d'en douter, par la seule raison que Dieu nous l'assure; en ce cas, la séparation des deux substances matérielle et immatérielle est complète et absolue : mais aussi leur communication, leur influence réciproque est naturellement impossible, ou ne peut avoir lieu que par un miracle qui demande l'intervention continuelle et non interrompue de la Divinité. De l'hétérogénéité naturelle des deux substances, il suit rigoureusement que l'ame ne peut réellement mouvoir le corps pas plus qu'un corps ne peut communiquer son mouvement à un autre, si Dieu n'intervient pour mouvoir *à l'occasion* du desir de l'ame, ou de la rencontre et du choc des corps. Il suit aussi du même principe, ou de la séparation des êtres en deux classes tranchées sans intermédiaires, que les animaux sont tous matériels ou de pures machines qui ne sentent pas, par la seule raison qu'ils ne pensent pas comme nous, ou qu'ils n'ont pas une ame immortelle comme la nôtre. — Tels étaient les principes métaphysiques que Leibnitz se crut appelé à réformer. « Impatient (1) de voir la métaphysique dégénérer dans les écoles en vaines subtilités, Leibnitz conçut son plan général de réforme, à commencer par la notion de *substance* qu'il regardait comme le principe et la base de toute science réelle. Le nouveau système élevé sur ce fondement, eut bientôt un grand nombre de prosélytes, malgré la vive opposition des cartésiens qui repoussaient, comme contraire à toute la doctrine de leur maître, la notion de *force* active ou d'effort, seule caractéristique de la substance dans le point de vue de Leibnitz; mais déjà celui-ci avait développé cette notion fondamentale, de manière à y rattacher, le plus simplement possible, toutes les lois de l'univers, le monde des *esprits* comme celui des corps. » Telle est en effet la fécondité de l'idée de substance *entendue comme il faut*, dit Leibnitz lui-même (2), « que c'est d'elle seule que dérivent toutes les vérités premières, touchant *Dieu*,

les esprits créés, et la nature des corps; vérités dont quelques-unes ont été aperçues par les cartésiens, sans avoir été démontrées, et dont plusieurs autres, encore inconnues, ont un haut degré d'importance et d'application à toutes les sciences dérivées. Or, pour éclaircir l'idée de substance, il faut remonter à celle de *force* ou d'*énergie*, dont l'explication est l'objet d'une science particulière appelée *dynamique*. La force active ou agissante n'est pas la *puissance nue* de l'école; il ne faut pas l'entendre en effet, ainsi que les scholastiques, comme une simple *faculté* ou possibilité d'agir qui, pour être *effectuée* ou réduite à l'*acte*, aurait besoin d'une excitation venue du dehors, et comme d'un *stimulus* étranger. La véritable force *active* renferme l'action en elle-même; elle est *entéléchie*, pouvoir *moyen* entre la simple *faculté* d'agir et l'acte déterminé ou effectué : cette énergie contient ou enveloppe l'effort (*conatum involvit*), et se porte d'elle-même à agir sans aucune provocation extérieure. L'énergie, la force vive, se manifeste par l'exemple du poids suspendu qui tire ou tend la corde; mais quoiqu'on puisse expliquer mécaniquement la gravité ou la force du ressort, cependant la *dernière raison* du mouvement de la matière n'est autre que cette *force* imprimée dès la création à tous les *êtres*, et limitée dans chacun par l'opposition ou la direction contraire de tous les autres. Je dis que cette force agissante (*virtutem agendi*), est inhérente à toute substance qui ne peut être ainsi un seul instant *sans agir*; et cela est vrai des substances dites corporelles comme des substances spirituelles. Là est

(1) Brucker, Vie de Leibnitz.
(2) *De prima philosophiæ emendatione et notionis substantiæ*, pag. 18.

» l'erreur capitale de ceux qui ont
» placé toute l'essence de la matière
» dans l'étendue ou même dans l'im-
» pénétrabilité (les cartésiens), s'i-
» maginant que les corps pouvaient
» être dans un repos absolu; nous
» montrerons qu'aucune substance ne
» peut recevoir d'une autre substance
» la force même d'agir, et que son
» effort seul, ou la force préexis-
» tante en elle, ne peut trouver au
» dehors que des limites qui l'arrêtent
» et la *déterminent.* » Toute la doctrine métaphysique et dynamique de
Leibnitz est contenue dans ce passage. Les cartésiens disaient : Toute
substance est complètement et essentiellement *passive ;* nulle action n'appartient aux créatures. Ce principe,
poussé dans ses conséquences, amenait
naturellement le *spinosisme,* comme
nous l'avons vu, et comme le remar-
que profondément Leibnitz lui-même,
dans sa lettre à Hanschius sur le pla-
tonisme (1). Leibnitz établit la thèse
opposée : toute substance est complètement et essentiellement *active ;* tout
être simple a en lui-même le principe
de tous ses changements (*Principes
philosophiques,* §. 74). Toute substance est force *en soi,* et toute force
ou être *simple* est substance. Les
composés ne sont pas de véritables
substances. Deux doctrines ainsi dia-
métralement contraires en principe,
semblent ne devoir jamais se rencontrer, ou si elles viennent à se toucher
par certains points, ce sera dans l'*infini,* dans le point de vue de l'*absolu,*
celui *de Dieu même.* Le système des
causes occasionnelles, comme celui
de *l'harmonie préalable,* ne peuvent
en effet être considérés que comme
des excursions hardies de l'esprit hu-

main vers cette haute région des *essences.* Dans le premier système,
Dieu ne conserve les êtres qu'en les
créant à chaque instant avec leurs modifications. Cette conséquence, rigoureusement déduite du principe qui ôte
toute force d'action aux créatures,
est celle surtout qui incita vivement
Leibnitz à la réforme du cartésianisme,
et peut-être contribua à l'entraîner
vers l'extrême opposé. On peut voir,
dans le morceau très curieux qui a
pour titre (1) : *De ipsâ naturâ sive
de vi insitâ,* avec quelle vigueur il
attaque le cartésianisme sur ce point
fondamental, et soutient la nécessité
du principe contraire, celui de l'activité absolue universelle imprimée dès
l'origine à tous les êtres de la nature. *Quæro enim,* dit-il. §. 5 , page
51 , *utrùm volitio prima vel jussio,
aut, si mavis, lex divina olim lata,
extrinsecam tantùm tribuerit rebus
denominationem, an vero aliquam
contulerit impressionem creatam in
ipsis perdurantem.... legem insitam
(etsi plerumque non intellectam crea-
turis in quibus inest) ex quâ actiones
passionesque consequantur.... etc....
§. 6, p. 51. Sin verò lex à Deo lata
reliquerit aliquod sui expressum in
rebus vestigium..... jam conceden-
dum est quandam inditam esse rebus efficaciam, vel vim..... ex quâ
series phænomenorum consequere-
tur....§ 7, hæc autem vis insita* DIS-
TINCTE *quidem intelligi potest sed
non sanè explicari* IMAGINABILITER.
Pour faire un *monde* semblable au
nôtre, Descartes demandait la matière
et le mouvement. Pour créer deux
mondes à-la-fois, le monde des esprits et celui des corps, Leibnitz ne
demande que des forces actives ou
des êtres simples qui aient en-eux le

---

(1) Non putemus absorberi animam in Deum,
proprietate, et quæ substantiam propriam sola
facit, actione amissâ. Op. 11, 225.

(1) Op. 11, part. 2. p. 49.

principe de tous leurs changements : mais pour concevoir cette double création, il faut se placer au centre ou dans le point de vue de Dieu même, dont la pensée seule l'a réalisée. Descartes avait tenté de remonter jusqu'à cette raison suprême, en partant du fait primitif de l'existence ou de la pensée ; Leibnitz, plus hardi, veut se placer immédiatement dans son point de vue, comme l'astronome se transporte, par la pensée, au centre du soleil, pour voir de là les mouvements planétaires tels qu'ils s'accomplissent dans la réalité de l'espace absolu. Dans ses premières méditations (*Sur la connaissance, la vérité et les idées*), Leibnitz demande s'il est donné à l'homme de pousser l'analyse des notions jusqu'à ces premiers possibles, ces éléments purs et irrésolubles qui sont identiques avec les attributs ou les idées de *Dieu* même, et il n'ose pas encore assurer que l'esprit humain soit doué d'une telle puissance. Maintenant la route est ouverte ; c'est celle de *l'analyse* même des notions, poussée jusqu'à ces derniers *abstraits*, ou ces êtres simples, qui seront les seules réalités ; car les *idées vraies*, et parfaitement *adéquates*, qui leur correspondent, ne sauraient être dans notre esprit, tout limité qu'il est d'ailleurs, autrement qu'elles ne sont dans l'entendement divin, véritable *région des essences*. C'est ainsi que l'esprit de l'homme, qui opère sur les unités numériques, en les combinant de toutes les manières possibles, et s'exerçant à résoudre les problèmes auxquels donnent lieu leurs diverses *complexions* figurées, imite en quelque sorte le Créateur, se conforme à sa pensée, suivant sa mesure. *Dieu est au propre l'éternel géomètre ;* il voit tout dans le *nombre* et la mesure. En usant de cette merveilleuse

et inépuisable faculté *d'abstraire*, qui nous est donnée, si les derniers éléments des choses et les fondements réels de nos abstractions échappent à un entendement trop borné, nous serons du moins assurés que ce *fondement préexiste* dans quelque autre intelligence, que *Dieu le connaît*, que des anges le découvriraient. (Voy. *De arte combinatoria*, tome II, part. I, p. 364.) Voilà comment aussi les composés, phénomènes dont nous avons des représentations claires, mais confuses ou *indistinctes*, viennent se résoudre dans les êtres simples ou inétendus. Ainsi, l'étendue qui s'offre au toucher et à la vue, et qui n'est qu'une *forme* de ces sens, se résout dans les unités numériques, seuls êtres réels de la nature qui ne tombent ni sous les sens, ni sous l'imagination, mais seulement sous la *vue de l'entendement* pur, identique à celle de Dieu même, car nos sensations ne sont, comme celles des animaux, que des perceptions plus ou moins obscures de ce qui est, dans l'entendement divin, de la manière la plus éminemment distincte ou *adéquate*. Nous commençons ainsi à entendre dans quel sens Leibnitz attribuera à toutes les monades (ou êtres simples), la faculté de représenter l'univers à *sa* manière. On peut dire que Dieu, qui connaît les rapports d'un seul être avec toute la création, voit à-la-fois l'univers entier dans le dernier atome de la nature. Or, de ce que tel être a des rapports nécessaires avec tout l'univers, on peut bien conclure, dans un certain sens, que cet être *représente* (*virtuellement*) l'univers, aux yeux de celui qui *sait* et *voit* tout ; c'est ainsi que nous disons d'un signe, d'un objet mort par lui-même, qu'il *représente* pour l'intelligence vivante, toutes les idées et les rapports divers que cette intelligence a pu y associer. Mais sur quoi fonder l'hypothèse d'une sorte de représentation *réciproque* entre l'*objet* et le *sujet*, entre le signe *pensé* ou conçu, et l'esprit qui pense ou conçoit, en donnant au signe sa *capacité représentative?* C'est là vraiment le côté obscur de la monadologie, et Leibnitz n'a pas cherché à l'éclaircir. L'équivoque de mots tels que *représentation, perception*, semble ici lui faire illusion. Ces termes, en effet, comme presque tous ceux de la langue psycologique, offrent un double sens à l'esprit, et se prêtent aussi à deux points de vue opposés, *interne* et *externe*, relatif et absolu. Si, aux yeux de Dieu, chaque monade représente l'univers, que pourrait être dans l'intérieur même de cette monade, une représentation, ou perception, infiniment complexe, dont le sujet ne sait pas qu'il représente, ou n'a pas même le plus simple, le plus obscur sentiment de son existence? Dans le système de l'harmonie préétablie, si l'on peut entendre aussi, dans un certain sens, comment l'influence de l'ame sur le corps est purement *idéale* en Dieu, qui, voyant tout par des idées distinctes, peut lire, en quelque sorte, dans l'ame, toutes les affections ou dispositions du corps, qui répondent d'une manière quelconque à ses pensées et à ses *vouloirs* (*et vice versâ*), etc., comment, dans le point de vue de l'homme même, pouvoir concilier une influence purement *idéale* avec le sentiment ou la perception intérieure de l'effort qui manifeste au *sujet* pensant et voulant l'existence de son *objet* propre, ou du corps organique obéissant à son action. Dieu peut voir et juger notre *effort* d'en haut, mais il ne le *fait* pas, il ne s'aperçoit pas comme nous, autrement Dieu serait le *moi*, ou le *moi*

serait Dieu. L'intelligence supérieure peut voir, aussi, distinctement les deux termes de ce rapport fondamental constitutif de la personne humaine, le lien qui les unit, le comment de leur influence, mais pour voir ou expliquer dans l'*absolu*, la liaison de l'ame et du corps, il faudrait cesser d'être nous-mêmes, il faudrait que le moi n'étant plus, ou étant autre, pût s'expliquer en même temps comment il est lui. On trouve souvent dans ces demandes ou ces hypothèses métaphysiques, une sorte de contradiction singulière qui se cache sous les formes d'un langage mal approprié à l'espèce de notion ou de faits intérieurs qu'il s'agirait d'éclaircir. Le plus souvent, comme le dit Leibnitz lui-même, dans ses *Nouveaux essais* (et avec sa *verve* ordinaire), *on demande ce qu'on sait, et l'on ne sait pas ce qu'on demande.* Pour nier l'influence physique ou l'action des substances les unes sur les autres, et d'abord l'action réelle de l'ame sur le corps, il faut, pour ainsi dire, nier l'*humanité*, et détruire le sujet qu'on veut connaître ou expliquer; ainsi l'ont fait les auteurs de systèmes, tels que ceux des causes occasionnelles, de la prémotion, des formes plastiques, tous en contradiction avec le fait primitif du *sens intime* où le *moi* se manifeste à lui-même comme force *sui juris* qui agit ou qui influe réellement pour produire l'effort et effectuer les mouvements volontaires. Mais cette négation d'influence ou d'action réciproque exercée par l'*ame*, comme par toute autre monade hors d'elle-même, est de plus opposée à la nature même du principe qui sert de fondement à tout le Leibnitzianisme. Aussi voit-on les plus fidèles disciples de ce grand maître, après avoir tout tenté, pour étayer ce côté faible de son système, finir par l'abandonner.

Bilfinger, Wolf lui-même ont été obligés d'attribuer aux êtres simples une véritable action, une sorte d'influence physique réciproque. Mais cette modification apportée au système des monades, loin d'altérer la doctrine dans son essence, devait au contraire servir à en déterminer plus exactement, soit en lui-même, soit dans ses applications, le principe, dès que rétablissant la *force* dans son *droit*, ou la concevant comme elle est agissant sur un terme extérieur à elle, on saurait la saisir ou l'apercevoir où elle est primitivement; savoir : dans le *moi*, *sujet* actif et libre qu'elle constitue. Sans doute en aspirant à se placer de prime-abord dans l'absolu, l'auteur du système des monades n'a pas signalé distinctement l'origine de toute force; et s'il l'eût fait, son hypothèse de l'harmonie préétablie ne serait pas née; mais nous pourrions avoir à la place un système vrai et complet de psycologie. Cependant d'où pourraient venir ces concepts de *monades*, ou *d'unités numériques* (réduites chacune à la *force*), ces *perceptions obscures* ou *claires*, mais *confuses*, qui en expriment les degrés; ce qui fait *l'un* dans la *multitude*, etc.? Ne sont-ce pas là autant d'expressions psycologiques dont une expérience interne, immédiate, a seule pu former la valeur première, et qui ne peuvent offrir un sens clair et précis à l'esprit du métaphysicien, qu'autant qu'il les ramène à leur source. L'idée de substance ne se laisse point ainsi ramener au fait de conscience comme à son antécédent psycologique; nous concevons la substance, nous ne la sentons pas, nous ne l'apercevons pas intimement, tandis que nous apercevons en nous la force, en même temps que nous la concevons hors de nous ou dans l'ob-

jet. D'où il suit que si le principe cartésien, réduit au premier membre de l'enthymême, *je pense*, ou *j'existe*, exprime bien le fait de l'existence du moi, il ne le détermine pas; il l'obscurcit au contraire immédiatement en l'identifiant avec la substance. En se séparant par la réflexion ou l'apperception interne, de tout ce qui n'est pas *moi*, le sujet pensant est à ses propres yeux une *force* active, une *énergie* qui produit l'effort ou effectue d'elle-même sa tendance, il n'est point une *chose*, une substance purement passible de modification. Si peu que tout ce qui se présente ainsi à l'esprit à titre de *chose modifiable*, loin d'être identique avec le *moi*, *véritable et propre* sujet de la proposition (*je pense*), lui est opposé ou fait *antithèse* avec lui. Donc une substance passive, entendue de l'objet et toujours indistinctement, comme dit Hobbes, sous *raison de matière*, ne saurait avoir son type dans le *moi*. Loin de pouvoir servir de lien entre le moi de conscience et l'absolu de l'être pensant, cette notion sépare les deux termes comme par un abîme que l'esprit humain ne saurait franchir. L'entendement divin seul peut entendre la *substance pensante* comme susceptible de l'infinité de modifications que comporte sa nature. L'homme ne s'entend pas, ne s'explique pas lui-même à ce titre; et toute la profondeur de la réflexion, toute la sagacité du génie, ne lui révéleront jamais ce qu'il est dans le fond et le passif de son être, encore moins tout ce qu'il doit être et pourrait devenir dans d'autres modes d'existence, etc. Mais si nous ignorons ce que nous sommes, comme substances *passives*; si, quoi qu'en ait dit Descartes, notre âme, considérée sous ce point de vue, nous est aussi complètement inconnue que toute autre substance de l'univers ; chaque personne individuelle sait du moins, *certissimâ scientiâ et clamante conscientiâ*, ce qu'elle est comme *force* qui agit et opère par le vouloir ; elle s'assure par la raison qu'elle n'est autre pour elle-même que telle force ou énergie ; que c'est là le fonds de son être, comme c'est celui de *sa vie de conscience*, ou de son *moi* ; que c'est là la seule chose qui demeure identique, quand tout le reste passe, ou est dans un flux perpétuel, au dedans comme au dehors ; que c'est en vertu de cette énergie, de ce pouvoir d'agir, que l'homme, force intelligente et libre, prédétermine ses propres actes, *rompt les liens du destin*, conçoit l'idée du *devoir*, et réalise cette idée sublime, quand même toute la nature s'y opposerait ; enfin, que ce que le sujet pensant est ainsi pour lui-même, au regard de sa conscience, il l'est absolument, ou *en soi*, aux yeux de Dieu, qui ne peut le voir autre qu'il n'est, ni le juger passif, lorsqu'il est ou se reconnaît actif et libre. Le point fixe ainsi donné, la pensée peut prendre son essor, et, sur les ailes du génie de Leibnitz, voler rapidement d'un *pôle* à l'autre, ou remonter, avec la lenteur de la réflexion, suivant les anneaux de cette immense chaîne des êtres, dont le système des monades offre une si grande et si magnifique représentation. Peu importe maintenant de commencer par l'une ou l'autre extrémité de la chaîne, de prendre la force dans le sujet, ou dans l'objet, dans le monde des représentations ou dans celui des êtres. La force est *la même partout*, et ne peut différer que par les degrés. C'est là, et là seulement que peut s'appliquer une affirmation absolue, qu'on est surpris de trouver dans le livre du sage Locke, lorsque, parlant de la subs-

tance, d'après Descartes, il abonde, sans le vouloir, dans le sens de Spinosa, en affirmant que la substance doit être *la même partout*, d'où l'on pourrait induire qu'il n'y en a qu'une sous diverses modifications. Ici se présente la réponse directe à une question que Descartes se propose à lui-même dans sa seconde méditation. Otez les qualités sensibles sous lesquelles se représente l'objet étendu, mobile, figuré, coloré, etc., *comme le morceau de cire qu'il donne pour exemple* ; que restera-t-il ? La réponse ontologique à cette question se fonde sur une analyse *abstraite*, qui conduit à la notion d'une simple capacité ou possibilité de modification, faculté nue, ou *quiddité* de l'ancienne école. Le principe de Leibnitz fournit, seul, une réponse directe et vraie, soit qu'on l'applique à l'*objet* dans le sens de Descartes, soit qu'on le rapporte au *sujet* de la pensée, séparé, ou se séparant lui-même par l'acte de réflexion, de toute modification accidentelle, de tout ce qui n'est pas *moi*. Dans ce rapport au *sujet*, la tendance, même virtuelle, ou la force non exercée, non déterminée (énergie, *pouvoir moyen* entre *la simple faculté et l'acte*), est ce qui constitue le propre fonds de notre être, ce qui reste quand tout change ou passe. Ici sont les limites de l'analyse réflexive ; un pas de plus, c'est l'absolu, l'être universel (Dieu ou l'un de ses attributs). Quant à l'*objet*, l'analyse du composé donne un résultat tout pareil. Otez toutes les qualités sous lesquelles le même tout concret se représente successivement ou à-la-fois à divers sens externes ; reste encore la force *non-moi* en vertu de laquelle l'objet résiste à l'effort voulu, le limite, le détermine, et réagit contre notre force propre, autant que celle-ci agit pour le surmonter. Soit que cette résistance se manifeste directement dans l'apperception immédiate de l'effort que le *moi* exerce hors de lui. soit que l'esprit la conçoive, ou l'induise seulement du sentiment de la force propre, active, qui en est le type; cette force attribuée à la matière ou aux *êtres simples* en tant que conçue primitivement à l'instar du *moi*, et par une sorte d'*induction* naturelle qui touche à l'instinct, emportera avec elle *perception*, *volonté*, et tous les *attributs* propres de son modèle; mais en réduisant par analyse la résistance (*antitypia materiæ*) à ce qu'elle est, on arrive nécessairement à une notion simple, distincte et adéquate de force absolue ou d'énergie, qui n'a plus rien de sensible ou de déterminé; c'est l'être simple, la monade de Leibnitz, conçue à la manière dont peut l'être notre ame elle-même, quand on la dépouille de l'apperception ou de la conscience. A ce degré d'abstraction, et dans le point de vue absolu sous lequel la matière est entendue par l'esprit, toutes les *qualités* sensibles ont successivement disparu : *couleurs*, *saveurs*, *sons*, et l'*étendue* même, qui ne sauraient plus être conçue comme être conçue comme attribut essentiel, constitutif de l'objet. Dans ce point de vue, en effet, l'étendue n'est que la *continuité des points résistants* (1); un mode de coordination d'unités *discrètes*, de forces qui agissent ou résistent ensemble, et chacune à part. Ces unités sont les seuls êtres réels; tout le reste est phénoménique, et dépend de la forme de nos sens et de notre organisation actuelle. Changez cette organisation, et vous pourrez concevoir des êtres intelligents qui perçoivent naturellement ce que nous ne parvenons à entendre qu'à force d'abs-

(1) *Leibnitsii opera*, tom. II, pag. 310.

tractions et d'analyse. Les notions distinctes et adéquates de force, de nombre, de figures etc., sont naturellement dans le point de vue de ces intelligences; elles *géométrisent*, pour ainsi dire, comme nous *sentons* ou *imaginons*. Ainsi disparaît cette grande ligne de démarcation établie par Descartes, entre les substances matérielles et immatérielles; séparation plutôt logique que réelle, et que la logique même, poussée plus loin, devait complètement effacer, comme le spinosisme l'a trop bien justifié. La métaphysique *réformée* n'admettra plus seulement deux grandes classes d'êtres, entièrement séparées l'une de l'autre, et excluant tout intermédiaire, mais une seule et même chaîne embrasse et lie tous les êtres de la création. La force, la vie, la perception, sont partout réparties entre tous les degrés de la chaîne. La loi de *continuité* ne souffre point d'interruption, ni de *saut*, dans le passage d'un degré à l'autre, et remplit sans lacune, sans possibilité de vide, l'intervalle immense qui sépare la dernière *monade* de la force intelligente suprême d'où tout émane. — On voit, par cette faible esquisse du système, et surtout par la nature même du principe qui lui sert de base, comment la science mathématique, d'une part, et la physique générale, de l'autre, viennent s'unir ou se fondre dans la *métaphysique*, qui constate et garantit toute la réalité de leur objet, tout le fondement de leurs abstractions. Là aussi peut se trouver le secret de toutes ces sublimes inventions mathématiques que Leibnitz a scellées du cachet de son génie, et dont la primauté n'a pu être contestée que par ceux qui en ont méconnu le principe et la source. On voit enfin comment la doctrine leibnitzienne, repoussant fortement le matérialisme, tendra plutôt vers une sorte de spiritualisme universel et absolu, où il n'y aura plus de place pour les objets de nos représentations; où le système entier de nos idées sensibles pourra disparaître sous les signes abstraits, les formes ou les catégories d'une pure logique. Il serait aussi curieux qu'instructif d'observer les effets de cette tendance du leibnitzianisme sur la marche de la philosophie en Allemagne, depuis Leibnitz jusqu'à Kant, et depuis Kant jusqu'à nos jours. —(1)

Il ne serait pas moins intéressant de comparer cette influence du leibnitzianisme sur les nouveaux systèmes en Allemagne avec celle qu'a exercée et que continue peut-être, plus qu'on ne le croit, d'exercer parmi nous, la philosophie de Descartes sur les écoles de Locke et de Condillac. Mais ces comparaisons nous mèneraient trop loin; il est temps de passer de l'examen des principes de la philosophie leibnitzienne aux applications qui doi-

---

(1) Entre les premiers interprètes de la philosophie leibnitzienne, *Hansch* a été le plus fidèle, *Bilfinger* le plus ingénieux, et *Wolf* le plus fécond et le plus célèbre. On peut dire de ce dernier qu'il a mis en petite monnaie, et quelquefois en billon, les lingots de Leibnitz. Le véritable sens de quelques-uns des principes fondamentaux de la métaphysique de Leibnitz a été un objet de discussions vives et profondes entre les derniers de ses disciples et les partisans des nouvelles écoles de philosophie en Allemagne. Parmi les premiers, J. A. Eberhard tient incontestablement le rang le plus distingué. Ayant d'abord, dans des écrits justement estimés, exposé et développé lui-même, en en perfectionnant quelques parties, les théories de Leibnitz (*), il chercha plus tard, lorsque Kant se fut annoncé comme adversaire et successeur des métaphysiciens qui régnaient dans les écoles, à prouver à-la-fois que les reproches que leur adressait l'auteur de la Philosophie-critique étaient mal fondés, et que Leibnitz avait déjà suffisamment satisfait à la question que Kant prétendait avoir le premier posée et résolue, savoir : *Quelles étaient la nature et les bornes de la faculté de connaître* (**)? Le sentiment d'Eberhard trouva un défenseur habile dans J.-C. Schwab, dont le Mémoire *Sur les progrès de la métaphysique en Allemagne, depuis les temps de Leibnitz et de Wolf*, a été pu-

blié en 1796 par l'académie de Berlin (***). Kant ne peut être absous du tort de n'avoir pas été bien d'accord avec lui-même dans les jugements qu'il a portés à diverses époques sur la métaphysique de son grand prédécesseur. Dans sa *Critique de la raison pure*, il dissimule l'obligation qu'il lui a incontestablement, de lui avoir fourni les moyens de combattre le scepticisme de Hume. Il fallait, pour répondre aux arguments du philosophe écossais, montrer clairement de quel droit nous nous permettons d'embrasser, dans quelques-unes de nos assertions, tous les cas possibles, ceux-mêmes qui sont hors de la sphère de notre perception; à quel titre nous imprimons, à certaines propositions, les caractères de nécessité et d'universalité, quoique l'expérience seulement nous apprendre ce qui est ou a été, et jamais ce qui doit être ou ce qui sera infailliblement. C'est évidemment la direction que le leibnitzianisme avait donnée aux méditations de Kant; c'est la tendance à voir dans nos idées autre chose que l'empreinte de l'action des objets extérieurs; c'est l'habitude de faire à l'esprit une forte part dans l'œuvre de la perception, qui conduisit l'auteur de la Philosophie-critique à son système de formes ou de dispositions inhérentes à l'ame, antérieures à toute expérience et conditions indispensables de sa possibilité. Il est vrai qu'il a plus nettement que Leibnitz déterminé la nature et la valeur

(*) *Théorie des facultés de penser et de sentir*; Mémoire couronné par l'académie des sciences de Berlin en 1776.

(**) *Magasin philos.*, 1er. vol., pag. 289.

(***) Le Mémoire de M. Schwab est réuni à ceux de ses concurrents, MM. Reinhold et Abicht. On trouve sur le même sujet d'autres dissertations de M. Schwab dans plusieurs parties des Recueils de traités sur les questions de philosophie publiés par Eberhard, sous le titre de *Magasin* et d'*Archives philosoph.*

vent justifier le point de vue sous lequel nous la considérons. Le terme *pensée*, dans la doctrine de Descartes,

avait deux valeurs tout-à-fait différentes, quoique confondues sous l'unité de signe. En effet, ce terme ex-

---

des facultés innées à l'homme; mais les *Nouveaux Essais sur l'entendement*, comme plusieurs autres parties des œuvres philosophiques de Leibnitz, renfermaient tout le germe de la doctrine kantienne, en offrant en même temps une source plus pure et plus féconde de vérités objectives; puisque, dans la théorie de Leibnitz, ces virtualités innées et les notions qui en proviennent, fournissent, en qualité de faibles simulacres de l'entendement divin, un moyen de retracer une image quelconque des créatures moulées sur les archétypes contenus dans la région des idées divines, tandis que les formes de la sensibilité, unies aux catégories, et vivifiées ou fécondées par l'action d'un x inconnu, produisent un monde phénoménique, qui nous laisse, non seulement dans l'incertitude absolue sur ce qui peut s'y trouver de conforme au monde en soi, mais sans aucune possibilité de nous assurer de l'existence de quelque chose hors de nous. Au lieu de reconnaître les services que le spiritualisme de Leibnitz lui a rendus, Kant ne s'en occupe, dans son grand ouvrage (*), que pour reprocher à l'auteur de la monadologie d'avoir dégradé ou anéanti la sensibilité, en la réduisant à n'être que la faculté d'avoir des perceptions confuses, ou plutôt, en ne lui assignant que la méprisable fonction de dénaturer et de rendre confuses les notions de l'entendement. On ne peut se dissimuler que, dans le système de Leibnitz, la sensibilité ne soit au moins un hors-d'œuvre, la représentation du monde phénoménique, dont les sens nous livrent les matériaux, se déroulant par l'activité de l'ame sans aucun secours extérieur. Il y a plus : si, comme il paraît résulter des définitions de Leibnitz, il suffisait de ne pas distinguer, dans la représentation d'un objet, les différentes propriétés de cet objet, l'une de l'autre, pour donner à la représentation collective et confuse du *varium* contenu dans l'objet et offert à l'observation, à la tractation du sujet, le caractère d'intuition ou de per-

ception sensitive; il suivrait de là, qu'en affaiblissant, en effaçant dans les concepts de l'entendement, la représentation séparée ou distincte des propriétés de leurs objets, et en établissant ainsi la confusion là où il y avait eu séparation auparavant, ou réussirait à transplanter les représentations de l'ame, du domaine de l'entendement dans celui de la sensibilité, et de transformer en véritables sensations des notions de l'intellect; métamorphose difficile à concilier, soit avec l'expérience, soit avec l'idée d'opposition ou d'hétérogénéité immuable attachée, dans notre esprit, aux deux facultés de sentir et de concevoir, de même qu'aux sphères diverses qui leur paraissent respectivement assignées. Kant a donc cru, avec autant de droit, pouvoir accuser Leibnitz d'*intellectualiser* les sensations, que celui-ci en avait eu de reprocher à Locke de *sensualiser* les concepts de l'entendement. Cependant, plus tard, le professeur de Kœnigsberg s'est constitué le défenseur de Leibnitz d'une manière que ce dernier n'eût peut-être pas avouée. Dans le dessein de prouver à Eberhard qu'il n'avait rien compris aux principes fondamentaux du philosophe auquel il attribuait le mérite d'avoir déjà fait, avant Kant, un examen véritablement critique et suffisamment approfondi de la faculté de connaître, l'auteur du criticisme réduit la métaphysique de Leibnitz à trois points caractéristiques, au principe de la raison suffisante, à la monadologie et à l'harmonie préétablie. 1°. A l'égard du principe de la raison suffisante, Kant pense que, pour épargner au grand Leibnitz le ridicule de s'être vanté d'avoir enrichi les sciences philosophiques d'une proposition presque niaise, en proclamant, comme découverte importante, le plus connu et le plus trivial des axiomes, ce principe ne doit être entendu que comme le corrélatif du principe de contradiction, étant placé en tête de toutes les propositions synthétiques, comme celui de contradiction énonce la règle de toutes les propositions analytiques. 2°. « Est-il croyable, poursuit-il, en passant au deuxième point, que Leibnitz, un si grand mathématicien,

---

(*) Pag. 62, 326, 332 et 337 de la *Critique de la raison pure*.

primait toute modification de l'ame, soit adventice ou accidentelle, soit inhérente à la substance pensante; et ainsi sa valeur était générale, collective et indéfinie. La pensée s'entendait encore plus précisément du mode fondamental et permanent de l'ame, inséparable d'elle ou identifié avec le *moi* ; en ce cas, ce terme avait l'acception particulière individuelle et *une*, qui appartient au signe *je* ou *moi*. Il ne serait pas difficile de montrer comment les principales difficultés du cartésianisme, et plusieurs aberrations auxquelles cette doctrine a donné lieu, se rattachent à cette

ambiguité d'un mot, ainsi employé indistinctement, pour exprimer tantôt le *sujet* pensant lui-même, tantôt le mode ou l'attribut qui le constitue, tantôt la modification intérieure attribuée au sujet, tantôt l'extérieure, ou la sensation rapportée à l'objet. Ce mot *sensation* offre la même ambiguité, donne lieu à la même confusion de *principes* dans la doctrine de Condillac, qui montre par ce côté ses rapports de filiation avec la doctrine *mere*. Le point de vue de Leibnitz était éminemment propre à lever une équivoque funeste aux progrès de la saine psycologie. Ce philosophe est

---

ait voulu composer les corps d'atomes, et par conséquent l'espace de parties simples? Sans doute, par ses monades, il n'entendait pas désigner le monde corporel, mais son *substratum* qui échappe a notre connaissance, le monde intelligible, qui n'existe que dans une idée de la raison, et qu'il est permis de se représenter comme n'ayant pour éléments que des substances simples, sans qu'il découle de cette hypothèse aucune conséquence applicable aux objets qui sont du domaine du notre sensibilité. Leibnitz paraît, de même que Platon, avoir attribué à l'esprit humain une intuition primitive, bien que maintenant obscurcie, de ces êtres soustraits à nos sens; mais il ne supposait à cette intuition aucun rapport avec les choses sensibles qui lui paraissaient être de purs phénomènes, c'est-à-dire des objets ne donnant prise qu'à une espèce différente et particulière d'intuition, en un mot, à nos sens, source de la seule sorte de connaissance qui soit à notre portée. Il ne faut pas, ajoute Kant, qu'on se laisse tromper par la définition de Leibnitz, qui place la sensibilité dans une manière confuse de se représenter les objets; il faut plutôt lui substituer une autre notion, qui mette d'accord toutes les parties de son système. On ne saurait, de même, voir dans les idées innées dont parle Leibnitz, qu'une faculté primitive départie à l'homme pour qu'il en tire ces principes *à priori* qui doivent servir de fondement et de lien à l'ensemble des connaissances humai-

nes » (*). 3°. Kant nie enfin que Leibnitz ait, *par son harmonie préétablie*, voulu désigner l'accord des perceptions, des volitions et des mouvements de deux êtres indépendants, n'ayant aucune action l'un sur l'autre. « Ce serait, dit-il, l'idéalisme tout pur: car, pourquoi admettre l'existence des corps, lorsque tout ce qui se passe dans l'ame est l'effet de ses propres forces, et qu'elle produirait également lors même qu'elle se trouverait dans un isolement complet? Selon Kant, Leibnitz aurait donc, par son harmonie préétablie, simplement voulu indiquer la merveilleuse coordination de l'entendement et de la sensibilité en nous, coordination qui doit être l'ouvrage de l'intelligence suprême, et sans laquelle ces facultés ne sauraient, par leur concours, devenir la source d'un système bien lié d'expériences constantes et de connaissances usuelles, suffisantes à tous les besoins de l'homme. Le célèbre auteur d'*Aenésidème*, le professeur Gottl.-Ernest Schulze, a montré (v. 2 de sa *Critique de la philosophie théorétique*, p. 95) combien cette explication kantienne de l'harmonie préétablie était contraire à toute la teneur de la philosophie de son auteur, et a développé en même temps les arguments les plus forts qui aient été opposés aux fondements du leibnitzianisme. STAPFER.

(*) *Voyez* l'écrit de Kant, intitulé : *D'une découverte, en vertu de laquelle toute nouvelle critique de la raison pure aurait été rendue superflue par une critique plus ancienne*, Kœnigsberg, 1791, in-8°., pag. 121.

en effet le premier ou le seul qui ait soumis à une analyse approfondie un composé primitif dont l'habitude a comme fondu et identifié les éléments. Sa méthode *abstracto-réflexive* fait, pour ainsi dire, le *départ* des éléments divers de ce composé si vaguement appelé la sensation. Leibnitz distingue, avec une netteté particulière, les attributs de deux natures diverses, l'une *animale*, qui vit, sent, et ne pense point; l'autre intelligente, qui appartient spécialement à l'homme, et l'élève seule au rang de membre de la *cité* de *Dieu*. Ainsi va se trouver établi, et nettement exprimé le double intermédiaire omis ou dissimulé par les cartésiens, entre les pures *machines de la nature*, et les animaux, comme entre ceux-ci et les êtres pensants, ou esprits. La *physiologie* vient se placer entre la dynamique des corps et celle des esprits; et dèslors on conçoit que la pensée ne peut ressortir des sensations animales, ni s'expliquer par elles, pas plus que les sensations ne ressortent des mouvements de la matière insensible, ni ne s'expliquent par les lois du mécanisme ordinaire. Pesons les motifs de ces importantes distinctions, et empruntons d'abord les propres paroles du maître. « Outre ce degré » infime de perception, qui subsiste » dans le sommeil comme dans la » *stupeur*, et ce degré moyen, appelé » *sensation*, qui appartient aux animaux comme à l'homme, il est un » degré supérieur que nous distin- » guons sous le titre exprès de *pensée*, » ou d'*apperception*. La pensée est » la perception jointe à la conscience » ou à la réflexion dont les animaux » sont privés (1).... Comme l'esprit

(1) OEuvres, tom. II, pag. 33, *Epistolæ Leibnitii*, tom. Ier., pag. 195. (*Comment. de animâ brutorum*.)

» (*mens*) est l'*ame raisonnable*; » ainsi la *vie* est l'*ame sensitive*, » principe de la perception. L'homme » n'a pas seulement une vie, une ame » sensitive, comme les bêtes; il a » de plus la conscience de lui-même, » la mémoire de ses états passés; de » là l'identité personnelle, conservée » après la mort, ce qui fait l'immortalité morale de l'homme, et non pas » seulement l'immortalité physique » dans l'enveloppement de l'animal... » Il ne peut y avoir de vide dans les » perfections ou les formes du monde » moral, pas plus que dans celles du » monde physique; d'où il suit que » ceux qui nient les ames des animaux, et qui admettent une matière » complètement brute et non organique, s'écartent des règles de la » vraie philosophie, et méconnaissent les lois mêmes de la nature..... » Nous éprouvons en nous-mêmes un » certain état où nous n'avons aucune » perception distincte, et ne nous » apercevons de rien, comme dans » la défaillance, le sommeil profond, etc. Dans ces états, l'ame, » quant au sens, ne diffère point » d'une simple monade; mais comme » ce n'est pas là l'état habituel et durable de l'homme, il faut bien qu'il y » ait en lui quelque autre chose. La » multitude des perceptions où l'esprit ne distingue rien, fait la stupeur et le vertige, et peut ressembler à la mort: en sortant de cette » stupeur, comme en s'éveillant, » l'homme qui recommence à avoir la » conscience de ses perceptions, s'assure bien qu'elles ont été précédées » ou amenées par d'autres qui étaient » en lui sans qu'il s'en aperçût; car » une perception ne peut naître naturellement que d'une autre perception, comme un mouvement naît » d'un autre mouvement. Ainsi se dis-

» tingue, par le fait de conscience, » ou l'observation de nous-mêmes, » la *perception* qui est l'état intérieur » de la monade, représentant les » choses externes, et l'*apperception* » qui est la conscience ou la connais- » sance réflexive de cet état intérieur, » laquelle n'est point donnée à toutes » les ames, ni toujours à la même » ame. » Ces distinctions, conformes à toute notre expérience intérieure, se justifient théoriquement comme conséquence naturelle du principe qui sert de base à toute la doctrine de Leibnitz; elles offrent de plus, ainsi que nous allons le voir, les éléments de la solution du grand problème des *idées in-nées*. L'ame, force active et libre, sait, à ce titre seul, *immédiatement* ce qu'elle *fait*, et *médiatement* ce qu'elle éprouve. L'activité libre est la condition première et nécessaire de l'apperception, ou de la connaissance de soi-même. De là vient le mot *conscience* (*scire cum*); le *moi* se sait lui-même en liaison avec tel mode accidentel et passager, actif ou passif. Si le mode est *actif*, c'est l'apperception interne immédiate; s'il est *passif*, c'est l'apperception médiate externe, ou la perception jointe au sentiment du *moi; moyen essentiel* de toute connaissance ou *idée*. Là commence en effet l'*idée de sensation* dans le langage de Locke. A titre de force sensitive, douée même d'une sorte d'activité vitale, ou physiologique (comme l'entendait Stahl), l'ame s'ignore elle-même; elle ne sait pas qu'elle vit ou sent; elle ne sait pas qu'elle agit, alors qu'elle effectue ces tendances instinctives ou animales, qui présentent à l'observateur tous les caractères d'une véritable activité. Telle est la source des *perceptions obscures* que Leibnitz attribue à l'ame humaine, dans l'état de simple monade ou force vivante. En tom-

bant sous l'œil de la conscience, les perceptions, modes simples d'une sensibilité affective et animale, deviennent pour le sens interne ce que l'objet visible est pour l'œil extérieur. Le *moi* qui les observe ne les crée pas; il sait qu'elles sont ou ont été sans lui antérieurement à. l'apperception. Cette préexistence des perceptions obscures, de celles surtout qui se lient immédiatement au jeu et aux fonctions de la vie animale, ne peut paraître douteuse à l'observateur qui sait en saisir les signes naturels, et distinguer à part soi le propre domaine de l'activité et de la *prévoyance de l'esprit*, d'avec la passivité ou le *fatum* des corps(1). En partant de la *conscience* du *moi* comme de la *caractéristique* unique des *modes ou opérations* qui *doivent* être *attribués à l'ame humaine*, Locke tranchait la question des *idées innées;* il prouvait par la *définition* même, qu'il ne pouvait y avoir rien dans l'ame à ce titre, avant la *sensation* ou sans elle. Mais il n'est pas ici question de *définir*, et de déduire; il s'agit d'abord d'*observer*, et de se rendre compte des faits *physiologiques* et *psycologiques :* or, en consultant cet ordre *mixte* de faits, on ne saurait méconnaître le fondement des distinctions de Leibnitz dans les passages ci-dessus rapportés, ni par suite la préexistence des perceptions obscures, vraiment innées ou inhérentes sinon à l'ame *pensante*, du moins à l'animal. En effet, dans le système leibnitzien, il n'y a point d'ame séparée d'un corps quelconque, lequel peut être réduit à l'infiniment petit; les germes *préexistants* ne naissent point, ne meurent point, mais ne font que se développer ou

(1) Quod in corpore est ratum, in animo est providentia. Lettre à Hanschius. Op., T. II.

s'envelopper ; ainsi , non seulement l'*ame*, mais l'*animal*, étant *ingéné-rable* comme impérissable, ne saurait être en aucun temps sans quelque *perception* plus ou moins obscure ; d'où la conservation du *moi*, de la personne identique dans les divers états futurs qui doivent succéder à notre mode de vie actuel : hypothèse pleine d'espérance et d'immortalité, dont Ch. Bonnet a fait une si belle application dans sa *Palingénésie phi-losophique*. Mais relativement aux idées intellectuelles, la question est en-core la même ; il s'agit toujours de sa-voir si l'on fixera l'origine d'une idée comme d'une modification quelconque de l'ame, au moment précis où l'être pensant commence à l'apercevoir ou à la distinguer. Telle est aussi la question principale agitée avec les plus grands détails dans les *Nouveaux essais sur l'entendement humain*. Leibnitz pose ainsi nettement la question : « Pour-» quoi veut-on que l'ame ne possède » rien autre que ce dont elle fait usage » actuellement ? Est-ce donc que nous » ne possédons que les choses dont » nous jouissons ? Ne faut-il pas tou-» jours qu'outre la faculté et son objet, » il y ait de plus dans l'un et dans » l'autre, ou dans tous deux à-la-fois, » quelque prédisposition en vertu de » laquelle la faculté s'exerce sur son » objet ? » Cette grande question des idées innées, si obscure ou si indé-terminée dans le point de vue de Des-cartes, allait recevoir, ce semble, tout le degré de clarté dont elle est susceptible, de l'application du prin-cipe de la *force*, considérée comme *virtuelle*, ou tendant à l'action, avant d'être *actuelle*, ou déterminé-ment en exercice. C'est ce *moyen* en-tre la *nue faculté* et l'*acte* qu'il fal-lait saisir pour entendre l'*innéité* de certaines idées ou modes actifs de

l'ame ; et Locke lui-même touchait à ce point de vue sans le savoir, lorsqu'il admettait dans l'ame des pouvoirs ac-tifs, des idées originaires de la réflexion, ou qui ne peuvent venir que du propre fonds de l'entendement ; aussi n'a-t-il rien à arguer contre l'exception que fait Leibnitz au grand principe des pé-ripatéticiens : *Nihil est in intellectu, quod non fuerit in sensu*, *nisi* (dit Leibnitz) *ipse intellectus*. Exception à la vérité, qui, étant prise au sens ri-goureux de Leibnitz, devait entière-ment détruire le principe, puisque la monade pensante ne fait que dévelop-per ou dérouler pour ainsi dire ce qui était à elle sans rien recevoir du de-hors. Mais voici un autre passage qui semble encore mieux poser la question sur le caractère et l'innéité des idées intellectuelles : « La connaissance » des vérités nécessaires et éternelles » est ce qui nous distingue des sim-» ples animaux, et nous rend capa-» bles de raison et de science en nous » élevant à la connaissance de *Dieu* » et *de nous-mêmes*. C'est en effet à » la connaissance des vérités néces-» saires et de leurs *abstractions*, que » nous devons d'être élevés à ces actes » réfléchis, en vertu desquels (*quo-» rum vi*) nous pensons l'être qui » s'appelle *moi*, nous savons que » telle ou telle chose est en nous ; » c'est ainsi qu'en nous pensant nous-» mêmes, nous pensons en même » temps l'*être*, la substance simple » ou composée, l'*immatériel* et *Dieu* » lui-même, en concevant comme » illimité ou infini en lui ce qui est » limité en nous. Ce sont ces actes » réfléchis qui fournissent les prin-» cipaux objets de nos raisonnements » (*OEuvres*, tom. II, pag. 24.) » En traduisant ce passage de métaphysique en termes psycologiques, et en pre-nant le sentiment du *moi* comme le point de départ d'où les notions mêmes peuvent être dérivées (dans un autre sens que celui de Locke ou d'Aristote), nous dirions : c'est aux premiers actes de réflexion sur nous-mêmes que nous devons d'être élevés à la connaissance des vérités nécessaires ou à ces notions universelles et absolues de *causes* ou *forces* dont le type se trouve dans la conscience même de notre effort voulu. C'est de là seulement que nous pouvons remonter à l'être nécessaire, en concevant comme illimitée ou infinie en lui la puissance où la force qui est limitée et déterminée en nous-mêmes ; de plus, en concevant que cette puissance suprême crée les êtres ou les substances, comme le *moi* crée des mouvements ou des modifications. Suivant ce dernier procédé psycologique, le *moi* est le point de départ d'une science dont Dieu est la fin. Suivant ce dernier procédé psycologique le *moi* est donc l'antécédent ou le *principe* d'une science dont Dieu est la fin ou le dernier terme. Certainement pour nous, ou pour notre esprit, tel qu'il est fait, il n'y a rien avant le *moi* autre que des virtualités, des tendances, des formes de l'ame humaine, conçues dans l'absolu non comme des notions actuelles mais comme des instruments ou des conditions. Quoique Leibnitz ait omis de distinguer les deux sortes de points de vue (ou de procédés) ontologique et psycologique, la philosophie ne lui doit *pas moins* d'avoir plus nettement exprimé ce qu'il y a de simplement virtuel dans les notions, d'avec ce qui est actuel dans les idées mêmes présentes à l'esprit : c'est de là aussi que part, comme on l'a vu plus haut, l'illustre chef de la doctrine critique, en considérant l'*innéité* sous le même point de vue que Leibnitz. Kant analyse et décrit, avec une exac-

titude supérieure et toute nouvelle, les diverses parties de cet instrument de notre cognition : il les énumère, les classe sous le titre de formes de la *sensibilité*, de *catégories* de l'*entendement* ; il cherche à mieux déterminer les rapports de ces formes aux objets, ou l'appropriation des objets aux formes intellectuelles ; il résout enfin, à sa manière, le problème qui avait échappé à Locke comme à Descartes, et n'avait pas même encore été posé nettement dans aucune école de philosophie ; savoir : *quelle est la condition qui rend possible une première expérience, une première idée de sensation ?* Mais le résultat de cette analyse, poussée jusqu'au bout, c'est qu'on peut mettre en doute si ce ne sont pas les formes elles-mêmes qui créent leurs objets ; dès-lors s'évanouit ce qui fait la *matière*, ou la réalité de l'objet même de la sensation, ou de l'idée, et il ne reste plus que des formes inhérentes à un sujet absolu (*x*), véritable inconnu sans équation intelligible ; ainsi se prononce et devient plus invincible cette tendance idéaliste déjà remarquée dans la doctrine Leibnitzienne. Comme il est bien reconnu que tout le sort de la métaphysique ou de la science des réalités, dépend de la valeur attribuée au principe *de causalité*, le scepticisme triomphe également, soit que ce principe n'ait d'autre fondement qu'une *habitude de l'esprit*, soit qu'il se réduise à une *forme* ou une pure *catégorie* de l'entendement, le tout sans conséquence pour la réalité des choses, ou pour l'existence vraie d'une cause quelconque, hors de nous, comme en nous-mêmes. De ces tristes résultats, on devait induire, ou que le premier problème de la métaphysique était vraiment insoluble par la nature et la limitation de nos facultés, ce qu'il fallait démontrer, et comment le faire ? ou que la question n'était pas encore posée comme elle pouvait et devait l'être. En partant, *ex abrupto*, de certaines notions intellectuelles, au titre quelconque d'idées *innées* ou de *virtualités* et *de formes* qui précèdent et règlent l'expérience, les métaphysiciens ont demandé quel est le rapport de ces notions qui sont en nous aux êtres réels tels qu'ils sont au dehors. Et les plus dogmatiques n'ont connu jusqu'ici d'autre moyen que de trancher le nœud en affirmant que ce rapport est celui de l'identité absolue, sans qu'il soit nécessaire ou possible d'en donner la preuve, à cause de l'immédiation même entre la notion et son objet, comme dit Leibnitz (*Nouveaux essais*). Il fallait peut-être changer le point de vue et, en partant du *moi*, ou de la première condition qui l'actualise, arriver à saisir, par cet intermédiaire, une notion qui eût toute la vérité de l'existence même du sujet, et dont la réalité objective ou formelle se trouvât, sinon indivisiblement comprise dans le fait de conscience, du moins attestée ou garantie par lui. Car, ainsi, mais, par là seulement, le sceptique se trouvait réduit à l'alternative ou de nier sa propre existence, ou de reconnaître une première force, une cause individuelle de modifications et de phénomènes, qui ne fût pas elle-même un pur phénomène transitoire. Nous avions pensé que pour arriver à ce terme, il fallait, sinon changer entièrement, du moins modifier le principe de Leibnitz, pour se placer à l'origine de toute science; mais voici que ce grand maître nous offre lui-même la modification du principe de la *force*, que nous cherchions comme antécédent de toute métaphysique, la condition toujours supposée et non énoncée de toute expérience objective, comme de toute notion de réalité. « La vérité des

» choses sensibles ne consiste que dans » la liaison des phénomènes qui doit » avoir sa *raison*, et c'est ce qui la » distingue des *songes*; mais la vérité » de notre *existence*, comme *celle de* » *la cause* des phénomènes, est » d'une *autre nature*, parce qu'elle » établit des *substances*..... Les » sceptiques gâtent tout ce qu'ils di» sent de bon, en voulant même » étendre leurs doutes jusqu'aux *expé-* » *riences immédiates* (1). » Ce passage est remarquable; pesons-en bien les termes et prenons-en acte. La philosophie doit justifier la distinction énoncée ici entre le principe de *raison suffisante* et celui de *cause*. Il faut aussi qu'elle justifie le parallélisme établi entre la première idée de cause et la vérité de notre existence. Or, comment y parviendra-t-elle ? Par un seul moyen sans doute, en montrant que le même fait, la même expérience immédiate, interne, qui manifeste l'existence du *moi*, manifeste en même temps l'existence d'une cause, d'une force productive de mouvement : or cette condition est précisément celle qui a lieu dans l'effort ou la tendance quand celle-ci passe du virtuel à l'actuel, ou quand un mouvement, un mode actif quelconque est effectué par le vouloir. Le *moi* perçoit ce mode comme *effet* en s'apercevant lui-même comme *cause* actuellement indivise de son produit, quoiqu'elle en soit distincte, puisque l'effet est transitoire, et que la cause ou la *force* reste. Nous savons maintenant, et nous croyons nécessairement, que la relation première de *causalité* établie ainsi subjectivement entre les deux termes ou éléments du même fait, ne saurait avoir lieu ou s'apercevoir comme elle est dans la con-

(1) *Nouveaux Essais sur l'entendement*, p. 389.

3

science, s'il n'y avait pas objectivement ou dans l'absolu une relation semblable ou conçue de la même manière, entre les deux substances ou forces telles que l'*ame* et le *corps*. La réalité de cette liaison causale entre deux substances, dont l'une agit, et l'autre pâtit, peut bien être induite, en effet, ou conclue d'une liaison parallèle aperçue entre le *moi* ou la volonté cause, et une sensation musculaire ou le mouvement produit ; mais la réciproque ne saurait être vraie, et le *conséquent* ne peut prendre ici la place de l'*antécédent*. Etant donnée une première causalité de fait, nous pouvons en chercher la raison ou l'explication dans la relation des deux substances ; mais il serait contraire à toute bonne psychologie de vouloir commencer par l'absolu de la raison, pour en déduire la vérité du fait luimême. Et de là, il suit bien évidemment que la supposition d'un simple *concours*, d'une harmonie, ou encore d'un pur *occasionalisme* entre l'ame et le corps, à l'exclusion d'une *influence* ou action quelconque exercée par l'une de ces substances sur l'autre, ne peut se soutenir contre la *vérité* du fait de conscience. En partant de l'hypothèse d'une simple relation de concomitance ou d'harmonie entre les deux substances, on n'expliquera jamais l'agent libre, la personne morale, l'homme tel qu'il est, mais seulement la série des modifications passives d'un être qui ne ferait aucun effort librement, ou n'agirait jamais de lui-même pour se mouvoir ou se modifier. C'est le cas de la *girouette animée* que supposait Bayle, ou de l'*aiguille aimantée* dont il est question dans la *Théodicée* ; mais comme il n'y aurait là rien de pareil au sentiment de l'effort voulu tel qu'il a lieu dans la vérité de notre existence,

l'hypothèse explicative dont il s'agit, ne pouvant se concilier avec cette première vérité, se trouve par-là même dénuée de fondement et arguée de faux. Sans la vérité de cet axiome, *rien n'arrive sans raison*, « on ne saurait, » dit Leibnitz (1), démontrer ni l'exis» tence de Dieu, ni d'autres grandes » vérités, etc. » Il est une vérité première et plus fondamentale encore, supérieure à toute logique, à toute forme d'axiome ou de démonstration qui est au fond même du sens intime, avant d'être exprimée ou de pouvoir devenir objet de la raison, savoir : Que *rien n'arrive ou ne commence sans une cause* ou *force productive*. Cette vérité vraiment primitive, universelle, est comme la voix de la conscience du genre humain : c'est elle seule aussi qui comprend implicitement l'existence réelle d'une cause première, d'où ressortent toutes les autres dans l'ordre absolu des notions ou des êtres. Si vous faites abstraction du vrai principe de causalité, et que vous mettiez la raison suffisante à la place de la cause productive, vous aurez beau remonter le plus haut possible dans la série des phénomènes, vous n'y trouverez pas *Dieu*, la personne, la force intelligente suprême qui opère ou crée par le vouloir ; mais vous aurez à la place un terme général, indéterminé, un inconnu x, dont la valeur, résolue en phénomènes de même ordre ou faits de même espèce, n'aura rien de commun avec la notion de cause première. Un être, qui n'aurait jamais fait d'efforts, n'aurait en effet aucune idée de force, ni par suite de *cause efficiente* ; il verrait les mouvements se succéder, une bille par exemple frapper et chasser devant elle une autre bille, sans conce-

(1) *Nouveaux Essais*, pag. 137.

voir ni pouvoir appliquer à cette suite de mouvements cette notion de *cause efficiente* ou *force agissante*, que nous croyons nécessaire pour que la série puisse commencer et se continuer. Si les physiciens exclusivement attachés à observer ou expérimenter la liaison, ou l'ordre de succession des faits de la nature, croient pouvoir faire abstraction complète de la véritable cause efficiente de chacun de ces ordres de faits, c'est qu'elle ne tombe point en effet sous l'expérience extérieure et ne peut entrer dans le calcul des phénomènes, n'étant point de nature homogène avec eux, et ne pouvant s'exprimer par les mêmes signes. C'est ainsi que les astronomes procèdent, suivant leur méthode d'observation et de calcul, à l'enchaînement rigoureux des faits, qu'ils considèrent uniquement sous les rapports de succession ou de contiguité dans l'espace et le temps, comme s'il n'y avait pas vraiment de cause efficiente ou de force productive : et il est remarquable qu'ils n'aient pas même de *nom propre* pour exprimer cette notion ; c'est toujours pour eux l'inconnu absolu ($x. y.$) dont l'équation est impossible par la nature même des choses ou des phénomènes qu'ils considèrent seuls. L'attraction newtonienne n'est, en effet, pour l'astronome, qu'un fait généralisé successivement, à force d'observations, de comparaisons et de calculs : *Hypotheses non fingo*, disait le grand Newton..... Le *fait* a certainement lieu ; les choses se passent comme si les planètes tendaient vers le soleil, en vertu d'une force attractive exercée de ce centre. Mais il n'y aurait rien de changé, quand même elles y seraient poussées au travers du vide ou d'un milieu non résistant par quelque autre cause ou force impulsive que ce fût.

La cause étant ainsi abstraite, le système du monde pourrait être conçu comme une grande et belle harmonie préétablie entre les mouvements elliptiques des planètes et le soleil qui en est le centre immobile ou ne tournant que sur lui-même ; et cette harmonie planétaire ne serait, certainement, ni plus ni moins merveilleuse que le simple concours harmonique supposé entre les mouvements du corps organique, et les affections, appétits et tendances de l'ame à laquelle ce corps aurait été préalablement adapté. Il serait difficile d'expliquer pourquoi Leibnitz se montra si fortement opposé au système newtonien. Les hypothèses purement mécaniques auxquelles ce métaphysicien avait recours pour expliquer les mouvements célestes et les autres faits de la nature, étaient-elles plus conformes aux principes de la monadologie, ou au système qui niait toute action réciproque, toute influence physique des êtres les uns sur les autres (soit de près, soit de loin), dans un espace qui n'était lui-même qu'un pur phénomène ? Mais l'examen de ces difficultés nous entraînerait trop loin, et sort d'ailleurs des bornes de notre sujet : nous voulions seulement montrer combien le grand principe de la raison suffisante diffère de celui de la causalité, ainsi que l'établit si bien Leibnitz lui-même (dans l'article cité des *Nouveaux Essais*), quoiqu'il l'oublie ensuite en formant ses hypothèses. « Les causes » efficientes particulières des mouve- » ments de la matière consistent tou- » jours, dit l'auteur du *Système de* » *l'harmonie*(1), dans les états pré- » cédents de cette matière même. L'é- » tat actuel d'un corps particulier a sa » cause efficiente (ou sa raison) dans

(1) Œuvr., tom. II, 2ᵉ. partie, pag. 152.

» son état immédiatement antérieur, » comme dans celui de tous les corps » ambiants qui concourent ou s'ac- » cordent avec lui, suivant des lois » préétablies.... » Que devient ici cette première vérité d'une *cause* de phé- nomènes reconnue égale ou parallèle à la *vérité même de notre existence*, fondée comme elle sur *l'expérience immédiate*, et contre laquelle viennent se briser tous les efforts du scepti- cisme ? Certainement on ne trouvera pas ce caractère de réalité ou de vérité immédiate, dans la dénomination de *cause efficiente*, appliquée, ainsi qu'on vient de le voir, à tels états suc- cessifs de la matière, dont chacun con- tient la *raison suffisante* de celui qui le suit, comme il a sa raison dans celui qui précède. On ne trouvera pas da- vantage ce caractère réel dans le titre de *cause finale* appliqué encore à la suite des états passifs ou spontanés de l'ame, qui correspondraient, suivant les lois d'une harmonie préétablie, avec la série parallèle des états ou mouvements du corps. Dans ce développement ou dé- roulement simultané des deux séries, il n'entre rien qui puisse nous donner l'idée d'une *activité productive*, c'est- à-dire, de la véritable cause ou force qui fait commencer les phénomènes, chacun dans sa série. « Quand on » irait jusqu'à l'infini dans la liaison » ou l'enchaînement des états, on ne » parviendrait jamais, continue Leib- » nitz, à trouver une raison qui n'eût » pas besoin d'une autre raison ; d'où » il suit que la raison *pleine* des cho- » ses ne doit point être cherchée dans » les causes particulières (soit *effi-* » *cientes*, soit *finales*), mais dans une » cause générale d'où émanent tous » les états successifs depuis le premier » jusqu'au dernier, savoir l'intelli- » gence suprême à qui il a plu de » choisir telle série entre toutes les

» autres dont la matière était suscep- » tible. » — Ici se trouve le lien qui unit la *métaphysique* à la *théologie*, dans le système leibnitzien. Dieu est la raison suffisante, suprême, de l'uni- vers, le premier et le dernier terme de toutes les séries dans l'ordre des cau- ses efficientes, comme dans celui des causes finales qui viennent toutes se résoudre en lui. En tant que raison suprême, Dieu seul explique tout ; c'est dans son point de vue seul que tout est entendu et conçu parfaitement à titre de vérité, de réalité absolue. Seul il embrasse l'universalité des rapports des êtres *moyens* à leur fin qui est en lui ou qui est lui-même ; dans son entendement divin est le vrai, l'unique siége de toutes ces idées ou vérités éternelles, prototype du vrai, du beau, du bon absolu, de tout ce qu'il y a de meilleur : ce sont ces idées modèles que Dieu contemple de toute éternité : ce sont elles qu'il a consultées et réalisées, en formant un monde qui est comme une émanation de son entendement et par-là même une véritable création de sa volonté toute-puissante. A ce beau parallélisme préétabli dans l'entendement divin entre le règne des causes efficientes et celui des causes finales (parallélisme universel, dit Leibnitz, représenté par l'harmonie particulière de l'ame et du corps) correspond une autre harmonie d'un ordre encore supérieur, entre les deux *règnes de la nature et de la grâ- ce*. Ici s'ouvre une nouvelle et vaste car- rière où il nous est impossible de suivre dans son vol, trop hardi peut-être, le sublime auteur de la Théodicée (1) ;

_____

(1) On ne saurait nier que les principes sur lesquels repose l'optimisme, ne con- duisent à une morale relâchée, et ne four- nissent des armes redoutables aux adver- saires de la liberté des actions humaines. Le mal n'étant qu'une négation dans ce

Partant de l'existence d'un être infiniment parfait, Leibnitz déduit, comme conséquence nécessaire du principe de la raison suffisante, et de la présence simultanée dans l'entendement divin de tous les plans possi-

système, bien plus, étant productif d'une somme de bien supérieure à celle qu'un autre ordre de choses, exempt de ce mal, eût amenée; la valeur comparative des mondes, pesés dans la balance de l'éternelle sagesse, n'étant établie que sur des idées d'un bonheur plus complet, c'est-à-dire de jouissances plus intenses, plus nombreuses et plus durables qui en résulteraient pour leurs habitants sensibles et intelligents, que celles qui eussent découlé d'autres combinaisons, on ne peut douter que la Théodicée n'ait, sans doute contre l'intention de son immortel auteur, nui à la rigueur, à la sévérité des principes sur lesquels se fonde la vraie morale du devoir; et Kant n'a nulle part porté sa main réformatrice avec plus de raison et de succès, qu'en raffermissant sur ses véritables bases cette division importante des sciences philosophiques. L'appréciation détaillée de la doctrine exposée dans la Théodicée, ainsi que de l'influence exercée par le rationalisme de Leibnitz sur toutes les branches de la théologie, nous mènerait trop loin. Nous devons nous borner ici à une ou deux observations générales, et dire quelques mots de ses opinions particulières sur les matières de foi, en y rattachant une notice sommaire de la part qu'il prit aux projets de réunion agités de son temps entre les communions qui divisent l'Europe chrétienne. On n'a peut-être pas assez remarqué le singulier contraste que forme l'orthodoxie personnelle de Leibnitz avec l'influence de sa philosophie sur plusieurs parties du système théologique des protestants. Il était, on n'en peut douter, pénétré lui-même de la conviction intime, que l'Evangile est un don immédiat de Dieu, et que dans les deux économies de sa grâce, dans l'ancienne qui était préparatoire et limitée à un seul peuple, non moins que dans celle où les richesses de sa miséricorde ont été répandues sur les nations de la terre indistinctement, il a été révélé aux hommes des vérités à-la-fois inaccessibles à leur raison, et indispensables à leur salut. Toutefois on ne saurait se dissimuler les effets d'une tendance du leibnitzianisme et de ses théories caractéristiques, tout contraire, non seulement à quelques-uns des dogmes

mystérieux du christianisme, mais à l'admission même d'une intervention directe de la Divinité dans les affaires humaines: tant il est vrai que l'imprévoyance est attachée aux pensées les plus profondes des plus sages d'entre les hommes! Quelques lignes suffiront pour justifier notre assertion aux yeux des personnes qui ne sont pas étrangères à l'histoire des discussions religieuses, et des phases qu'a subies l'exposition de la doctrine chrétienne dans l'Europe protestante. L'abandon du dogme de l'éternité des peines, de celui de l'expiation de nos péchés par la mort du rédempteur se sacrifiant pour nous, de celui de la coopération de l'Esprit Saint à l'œuvre de la conversion dans l'âme du pécheur, etc., cet abandon qu'un grand nombre de théologiens, nourris des principes du leibnitzianisme, se crurent, par le progrès de l'opinion, appelés à faire dans des vues conciliatrices, il est vrai, et selon leur intention favorables à la cause de la révélation auprès de ses ennemis, doit être en partie attribué à ces principes. En statuant que la justice de Dieu n'est autre chose que sa bonté exercée avec sagesse; en montrant en perspective le bonheur final de tous les êtres intelligents et sensibles, comme dernier but et inévitable résultat de la préférence donnée par le Créateur à l'univers existant sur tous ceux qui s'étaient présentés à la pensée divine; en n'admettant dans les monades d'autres changements que ceux qui, en vertu de la loi de continuité, découlent par un développement non interrompu de leur état primitif et de leur nature intrinsèque; Leibnitz a dû, nécessairement, imprimer à tous ses disciples, c'est-à-dire, aux chefs de l'enseignement académique en Allemagne, la tendance à modifier ou adoucir les dogmes de l'orthodoxie, et à tâcher d'interpréter les Saintes-Ecritures d'une manière conforme aux grandes vues de sa *Théodicée*. Il n'est pas moins évident que l'ensemble de son système n'a pu qu'augmenter l'antipathie que les philosophes du XVIIIe. siècle, même ceux qui ont paru animés des sentiments d'une piété sincère, comme Ch. Bonnet, ont témoignée pour les mira-

bles d'un monde idéal, « le choix du
» meilleur, du plus conforme à la sa-
» gesse suprême, où doit régner la

cles proprement dits. Le Dieu de Leibnitz
n'a plus besoin de toucher à la machine
qu'il a si admirablement montée ; et ce serait porter atteinte à l'idée qu'on doit
avoir de sa sagesse et de sa puissance que
de supposer de sa part une intervention
directe, postérieure à la première émanation ou production des substances. Quoi
qu'il en soit des conséquences auxquelles
la monadologie peut avoir conduit les
esprits systématiques, il serait contraire
à toute vérité de révoquer en doute la
sévère et loyale orthodoxie de son auteur.
A ses déclarations si positives et si fré-
quentes à cet égard, répandues dans tous
ses écrits, dans ceux qu'il destinait à être
publiés comme dans ceux qui ne de-
vaient pas voir le jour, on peut maintenant joindre l'exposé de sa doctrine sur
la religion, qui vient d'être imprimé à
Paris sur une copie authentique de son
manuscrit. Dans cet ouvrage, il établit
que Dieu n'agit pas seulement par cette
volonté générale et occulte qui soumet
toute la machine de l'univers à des règles certaines, mais qu'en qualité de
législateur, il déclare sa volonté particulière, à l'égard du gouvernement de
sa cité, par des révélations, et que celle
de Jésus-Christ a pu seule nous apprendre quelle a été l'économie secrète du
conseil divin pour rétablir l'homme.(*).
On ne peut que savoir beaucoup de gré
aux éditeurs d'avoir tiré de l'obscurité cet
écrit remarquable. Il est beau et utile
d'avoir sous les yeux cette nouvelle preuve
de l'attention qu'un des plus grands géomètres et un des plus illustres auteurs des
méthodes auxquelles les progrès des sciences
physiques sont dus, a donnée à une
autre face non moins réelle et plus importante de la nature, aux faits de conscience et aux phénomènes historiques qui
manifestent à l'homme un autre ordre de
choses, et qui satisfont à des besoins d'un
rang plus élevé. Il est consolant et salutaire de voir l'homme qui a fourni à la
raison humaine un de ses plus puissants

(*) *Exposition de la doctrine de Leibnits sur
la religion*, ouvrage latin inédit, et traduit en
français, par M. Emery, ancien supérieur-gé-
néral de Saint-Sulpice, Paris, 1819, in-8°.
(pag. 18.)

» plus grande variété avec le plus
» grand ordre, où la matière, le lieu,
» le temps sont le plus ménagés, celui

leviers, et un de ses plus beaux titres de
gloire, bien loin de partager l'ivresse
dans laquelle les vastes conquêtes de cette
raison, armée par le génie de Leibnitz, ont
plongé les savants qui ont exploité ses
découvertes et celles de Newton ; bien
loin de s'abandonner à une confiance
illimitée dans les facultés intellectuelles
de l'homme, et de vouer une admiration
exclusive au pouvoir et aux résultats des
recherches savantes, il est intéressant de
voir un esprit de cette trempe subordon-
ner constamment le monde matériel au
monde moral, le règne de la nature à
celui de la grâce, et les lumières de la
raison aux oracles de l'Évangile. Quelle
leçon pour les savants qui ne se sont élevés si haut dans les sciences qu'en suivant
la route ouverte par ce grand homme,
de l'entendre déclarer (ibid., pag. 225)
que, s'il attache quelque prix à ses travaux et à sa renommée, c'est le droit
qu'ils lui donnent à être écouté avec
quelque confiance, lorsqu'il défend la
révélation, et lorsqu'il expose des théories qui prouvent que les mystères du
christianisme ne contredisent aucun principe de la saine raison ! Mais si la publi-
cation de cet ouvrage posthume de Leibnitz est importante aux yeux des amis de la
religion, elle est très honorable pour le
caractère de son auteur : elle dissipe tous
les nuages répandus sur les motifs qui lui
avaient fait prendre une part si active
aux projets de réunion des cultes chré-
tiens, agités entre quelques-uns de ses
contemporains. Tolérant par principes
et cosmopolite dans la plus noble acception du mot, s'il désirait le rapprochement des esprits en matière de foi pour
obtenir un concours plus complet d'efforts et de sacrifices en faveur de la paix
et de l'avancement des sciences ; si, en
coopérant à ce dessein, il était heureux
de donner une preuve de dévouement à
un souverain auquel il devait beaucoup
de reconnaissance, on ne saurait l'accuser de n'avoir agi que dans ces vues mon-
daines : et le précieux document, qui
vient d'être mis sous nos yeux, démontre
tout l'intérêt personnel qu'il portait aux
controverses théologiques en elles-mêmes,
et toute l'importance morale qu'il met-

» enfin où doit s'établir une cité digne
» de Dieu qui en est l'auteur, et de
» tous les esprits, soit des hommes,

» soit des génies, qui en sont les
» membres, en tant qu'ils entrent, par
» la raison ou la connaissance des

tait à en faire adopter généralement les résultats, tels qu'il les croirait solidement établis par une discussion franche et profonde. Dans tout le cours de sa correspondance avec Bossuet, Pélisson, M.me. Brinon, on le voit manifester un desir d'aplanir les obstacles, une docilité, une déférence pour l'évêque de Meaux, qui ne permettent point d'attribuer à l'amour-propre blessé ou à des causes politiques la cessation de ces conférences épistolaires et l'abandon de leur objet. En retour des grandes concessions qu'il fait dès le début (telles que la reconnaissance de la juridiction suprême du pape, comme institution humaine, il est vrai, mais vénérable et salutaire, l'admission de la nécessité d'une nouvelle ordination des ministres protestants à leur entrée dans le système de l'hiérarchie romaine), Leibnitz se borne à demander la suspension des décrets et des anathèmes du concile de Trente dans leurs effets relatifs aux sectateurs de la réformation, et, pour l'église protestante, l'autorisation provisoire de conserver son organisation jusqu'au moment où un concile œcuménique aurait pu s'assembler et statuer sur les principes d'après lesquels la divergence des communions dans les doctrines et les cérémonies devrait, soit fléchir devant les intérêts de l'unité de foi et de la vérité, soit être déclarée admissible dans tous les points qui ne seraient pas en contact avec les fondements de la croyance et de la société chrétiennes (*).

(*) On pourra se convaincre, par la lecture des pièces qu'offrent le premier volume de la Collection de Dutens et les Recueils des lettres de Leibnitz donnés par Gruber, Kortholt, Kappe, Wesenmeyer, ainsi que sa Correspondance avec le landgrave Ernest de Hesse-Rheinfels, et avec le duc de Brunswick Jean-Frédéric, publiée par Boehmer dans son *Magasin pour le droit canonique* (vol. I et II), que Leibnitz apporta dans ces transactions autant de bonne foi et de zèle pour leur succès que de prudence et de délicatesse; et que c'est uniquement au refus inflexible que Bossuet opposa à la demande d'une suspension des anathèmes lancés par le concile de Trente contre les protestants, que la rupture des relations entre ces deux illustres controversistes doit être rapportée. Si l'on est étonné de voir le grand évêque de Meaux répondre, par des subtilités peu dignes d'être mises en balance avec les intérêts en discussion et les résultats en perspective, à l'argument que Leibnitz tirait de l'antécédent puisé dans la conduite du concile de Bâle, qui

Une entreprise beaucoup moins difficile, puisqu'il s'agissait de rapprocher entre elles les communions protestantes, trompa de même l'attente et les efforts de Leibnitz, quoique les souverains des pays où cette fusion devait être tentée, la desirassent vivement et secondassent de toute leur influence les démarches des conciliateurs. Il en est fait mention pag. 735 et suiv. du 1er. vol. de la Collect. de Dutens, et dans différents Recueils des Lettres de Leibnitz (pag. 241 et suiv. de celui de Kappe, et tom. 1er., pag. 98 de celui de Kortholt): mais, pour en connaître les motifs et les détails, il faut recourir à un Exposé historique imprimé à Londres en 1767, in-4°., sous le titre de *Relation des mesures qui furent prises dans les années 1711, 1712 et 1713 pour introduire la liturgie anglicane dans le royaume de Prusse et dans l'électorat d'Hanovre*. Tandis que le pacificateur échouait dans ses nobles tentatives de mettre un terme aux scissions qui divisent les branches de la grande famille chrétienne, l'auteur de la *Théodicée* aplanissait plus efficacement que le négociateur les voies d'une réconciliation future, en familiarisant les esprits de frères séparés d'opinions, mais unis d'origine et d'intérêts, avec la sublime idée d'une cité céleste que la machine visible, le monde matériel et toutes ses transformations, les événements heureux et malheureux, les biens et les privations, les douleurs et les jouissances, sont également destinés à servir, à étendre, à rendre de plus en plus digne de son monarque, par la vertu et le bonheur croissants de ses membres; et dans laquelle les maux de tout genre, suite inévitable des limites de la créature, la plainte du besoin, le cri de la souffrance, toutes les exceptions aux lois divines qui semblent déparer l'œuvre du Créateur,

avait suspendu les décrets de celui de Constance à l'égard des Hussites, on est plus étonné encore de voir un homme doué d'autant de sagacité et de sens que Leibnitz, se livrer si long-temps, et dans des circonstances et une disposition des esprits si peu favorables à l'accomplissement de ses vœux, à l'espérance d'opérer un rapprochement durable entre des partis qui étaient également pénétrés de la justice de leurs prétentions inconciliables, et dont un seul était appelé à faire les frais de la réunion.

» vérités éternelles, dans une espèce » de société avec leur chef suprême. » Telle est cette constitution du plus » parfait état gouverné par le plus » grand et le meilleur des monarques, » où il n'y a point de crimes sans châ- » timents , point de bonnes actions » sans récompenses proportionnées ; » où se trouve enfin autant de vertus » et de bonheur qu'il est possible. » C'est en tendant toujours à se placer dans ce point de vue sublime, que Leibnitz saisit souvent avec un rare bonheur les rapports les plus inatten- dus entre le monde des idées et celui des faits de la nature : c'est en cher- chant à déterminer, par le calcul, quels sont les moyens qui vont le plus droit à la fin, qui ménagent le plus la ma- tière, l'espace et le temps , qu'il par- vient à résoudre des questions regar- dées comme inaccessibles à l'esprit

---

finiront par se résoudre, comme des disso- nances passagères, en une harmonie glo- rieuse, en un concert de louanges éternel- les. Il faut cependant l'avouer : plutôt tour- né en ridicule qu'examiné et combattu par Voltaire dans cet ouvrage de gaîté inferna- le, où une philosophie moqueuse et super- ficielle, prêchant avec férocité le culte des jouissances matérielles, dégrade l'espèce humaine par la peinture exagérée de ses misères, et nous offre, comme l'a dit Mme. de Staël, pour toute consolation, le rire sar- donique qui nous affranchit de la pitié en- vers les autres, en nous y faisant renoncer pour nous-même, l'optimisme de la *Théo- dicée* a rencontré récemment un adver- saire plus redoutable dans un de ces hom- mes qui, à de grands intervalles, puisent de nouvelles idées à des profondeurs inex- plorées avant eux, et qui règnent ensuite long-temps sur la pensée des instituteurs des peuples. Dans un écrit intitulé : *Du mauvais succès de tous les essais de Théodicée* (vol III des *Opusc.*, pag. 385 et suiv.), Kant a cherché à établir que la connaissance de la relation dans laquelle l'univers, tel qu'il se manifeste à nous par l'expérience, se trouve avec la souveraine sagesse, serait un élément indispensable de toute apologie de l'existence du mal physique et moral dans l'œuvre du Créa- teur, et que cette connaissance est entiè- rement hors de notre portée. Cette asser- tion, qui, au surplus, est un corollaire de toute la doctrine de l'auteur de la Philoso- phie critique, s'offre, dans son mémoire, appuyée de considérations nouvelles, de l'analyse d'un de nos livres sacrés (du poëme de Job), et de quelques observa- tions de détail qui ne manquent ni de for- ce ni de justesse. Il fait voir , par exem- ple , que l'objection contre la parfaite sagesse du Tout - Puissant, tirée de la disproportion qui existe entre le crime et le châtiment, n'a pas été suffisam- ment repoussée par Leibnitz; et qu'en dérivant d'abord le mal moral de l'abus de la liberté, abus que Dieu permet par des motifs de sagesse et de bonté, puis dérivant cet abus de l'imperfection inhé- rente à l'essence même des créatures et inséparable des limites de leurs forces, il disculpe plutôt l'homme qu'il ne justifie la Providence : le mal ayant, selon Leib- nitz, ses racines dans l'essence même des choses réalisées par l'être qui est la seule et unique cause efficiente de l'univers, et qui a créé avant de permettre, ou, pour mieux dire, qui a créé et permis en même temps. Ici se reproduit l'ancienne diffi- culté contre laquelle échouent à leur tour les fondateurs de systèmes nouveaux, au moment où ils se flattent de l'avoir enfin résolue. Comment accorder le *fatum* et la liberté, l'imputation morale et la dépen- dance des êtres finis? Kant croit échapper à cet écueil, en ne soumettant à la loi de causalité (au *déterminisme* de Leibnitz) que le monde phénoménique, et en affran- chissant de ce principe l'ame comme *nou- mène* ou chose en soi; envisageant ainsi chaque action comme appartenant à une double série à-la-fois, à l'ordre physique où elle est enchaînée à ce qui précède et à ce qui suit par les liens communs de la nature, et à l'ordre moral, où une déter- mination produit un effet, sans que, pour expliquer cet acte de volonté et son résul- tat, on soit renvoyé à un état antécédent. En définitive, la doctrine de Kant sur la conciliation du mal avec la suprême sages- se, est une application de la maxime: *Dans le doute, abstiens-toi de juger;* tandis que Leibnitz se place dans le point de vue de l'absolu ou du Créateur lui-même.

STAPFER.

humain, on à démontrer des vérités conçues mais non prouvées avant lui (1). Telle est la source de cette confiance absolue que montra toujours ce grand maître dans la vérité ou la réalité de ses principes, la légitimité de ses conclusions, la rigueur de sa méthode, et enfin la certitude de son *Criterium* logique.—Après avoir marqué les principaux caractères du *rationalisme* de Leibnitz, et indiqué la route qui va de l'origine aux dernières sommités de la doctrine, nous pouvons voir comment le cercle se ferme sur lui-même, et vient rejoindre le point où il a commencé. Dans le point de vue de l'immortel auteur de la monadologie, la *science des principes* n'est autre que celle des *forces*;

or, la *science des forces* comprend tout ce *qui est*, et tout ce qui peut être conçu par l'esprit de l'homme, à partir du *moi*, force donnée immédiatement dans le fait primitif de conscience, jusqu'à la force absolue, telle qu'elle est en soi aux yeux de Dieu; telle qu'elle peut être en Dieu même. Le point de vue du *moi* n'est pas le point de vue de Dieu, quoiqu'il y conduise par une analyse exacte et *au moyen* de ce même principe de la force qui avait entièrement échappé à Descartes, et que Leibnitz a saisi le premier dans sa profondeur. Comme Descartes, il est vrai, Leibnitz a manqué de distinguer ces deux points de vue et d'exprimer le lien qui les unit; mais Descartes avait rompu ce lien, et Leibnitz a donné le seul moyen propre à le renouer: aussi est-ce à sa doctrine que viendront se rattacher les progrès ultérieurs de la vraie philosophie de l'esprit humain.

(1) Il faut voir, dans l'*Essai de Cosmologie* de Maupertuis, l'heureuse application du principe des causes finales, faite d'après Leibnitz par ce géomètre philosophe, et comment il résout, à l'aide du principe de la *moindre action* et d'une manière aussi neuve qu'élégante, d'importantes questions de *cosmologie* et de *dioptrique*.

CPSIA information can be obtained
at www.ICGtesting.com
Printed in the USA
BVHW012247270123
657296BV00002B/33